詩に込められた祈りと心情

聖歌のめぐみ

Amano Terue

天野照枝

聖歌編纂委員

光言社

はじめに

全地よ、主にむかって喜ばしき声をあげよ。
声を放って喜び歌え、ほめうたえ。（詩篇九八・4）

ルターは「かみはわがやぐら」を大合唱となしつつ、宗教改革の嵐のなかを進みました。ウェスレー兄弟の信仰復興のわざも、偉業のなかばを、その作になる新しい讃美歌に負っています。それは、決して訓練された音楽家たちによってのみ演奏されたのではありませんでした。天の賜物として与えられた、その歌と歌声は、真に力あるものとして、人々の魂を砕き、神のものとして創り変えつつ、遂にひとつの時代をつくりあげるまで、口から口へうたい拡げられていったのです。

今、新しい歌の歌い手として、我々は選ばれました。

真の父母とそのご家庭に続く群れが歩む苦難を通して、生命に至る路程において、やむにやまれぬ込み上げる思いの中から生まれた歌。

あるときは絶叫のごとく、あるときはひたひたと恵みに満ちる慰めの声のごとく、またあるときは涙と共に生まれてきたこれらの歌は、どのような心情をもってうたうことがふさわしいのでしょうか。

本書が、そのような心情を耕すためのお役に立てば幸いです。

二〇〇八年四月

天野照枝

聖歌のめぐみ・目次

〔目次〕

真のお父様の作詞による聖歌（タイトル上の数字は聖歌番号）

韓国・日本で作られ、うたい継がれてきた聖歌・讃美歌

序に代えて

聖歌や讃美歌は、慰労と感動をもって人々の魂を神のもとにいざなう聖霊の役割を担ってきました。み言《ことば》は神から人への語りかけとして、また讃美の歌は人から神への呼びかけとして、信仰生活の両輪のような働きをするとも言われています。信仰復興運動が起きるとき、そこには必ず心からわきあがる歌声があったのです。

讃美歌・聖歌の源泉は旧約聖書「詩篇」です。斉唱で、あるいは琴や笛やラッパの響きにあわせてうたわれた切々たる神への祈りは、そのまま新約時代に受け継がれました。イエス様が詩篇を愛誦して育たれたことは福音書で知ることができます。

四十日断食のあとのサタンとの闘いに詩篇九一篇の言葉が出てきますし、最後の晩餐のあとでうたわれた讃美（マタイ二六・30）は、詩篇一一三～一一八篇までの「ハレル」の歌だったと推定されています。さらに十字架の上で叫ばれた二つの言葉「わが神、わが神、何ゆえ私を捨てられるのですか」、「私は、わが魂をみ手にゆだねます」は、詩篇二二・1と、三一・5の言葉であったのも、イエス様がいかに詩篇を愛唱しておられたかを語るものです。

イエス様の十字架ののち、散っていった弟子たちが、やがて集められて、五旬節（ペンテコステ）の日の聖霊降臨により原始教団が成立していきました。

初期キリスト教において、「讃美」とは詩篇をうたうことでした。使徒行伝に、「信者たちは日々心を一つにして、パンを割き、よろこびと、まごころとをもって食事を共にし、神を讃美した」という部分がありますが、この「讃美」も、詩篇を唱和することだったのです。

パウロとシラスが牢獄から大地震によって救われる前も「神に祈り、讃美を歌いつづけた」とあるのも詩篇のことで、原始教団はこうして神殿や会堂でうたわれていた詩篇をその集会にとりいれて、教会の歌としたのです。

そのうたい方は時代とともに豊かになっていきました。アンテオケの最初の司教、イグナティオス（一〇〇年ごろ）は、天使たちが二組に分かれて美しく讃美をうたい交わす幻を見て、彼の教会に交唱をとりいれたといわれます。これがあちこちの教会に広まりました。

クリュソストモス（四世紀）は次のように記しています。

「すべての異なる声々が溶け合い、一つの調和した歌となって捧げられた。若者も老人も、金持ちも貧乏人も、女も男も、奴隷も自由人も、みんな同じ調子で歌った。しかし、それは出席者たちを一つにしただけではない。死者をも生者と一つにした。なぜなら祝福された預言者もわれわれとともにうたっていたからである。……みんなが一つの合唱の中で結ばれていた」

聖アウグスティヌスも『告白』の中で、「私はあなたの讃美歌や聖歌を聞き、あなたの教会の美しく歌う声に深く心を動かされ、いかに多くの涙を流したことでしょう。……そして私の心から敬虔の情感がわき出て、涙は流れくだり、私はその中にあって幸福でした」と書いています。

時代が進み、形骸化したキリスト教に宗教改革ののろしをあげ、聖書を万人のものにし、再臨時代への道を直くしたルターは、「音楽は神からの賜物」と表現しました。彼の作った讃美歌は三十八篇ありますが、その中でも「神はわがやぐら」は、国をこえてうたい広げられ、サタンの力を恐れず、ただ神のみを助けとする勇気を育てたのです。

ルターは言います、「音楽は神からの賜物であって人間のものではない。音楽は悪魔を追い払い、人々を幸福にする。音楽と共にあるとき、人はあらゆる憎しみ、野卑、高慢、その他の悪徳を忘れる」と。

ことばを超越する強く深い感情は、うたうことでしか表現できない場合があります。一九七五年に私が聖歌指導の現場にいたころ、故・柳光烈《ユグァンヨル》先生から次のようなお話を聞きました。

「草創期のころは、うたうことが祈りでもありました。一日中食べないで伝道して、あざけられたりなぐられたり迫害を受けて帰ってくると、何も報告できないのです。お父様の前で何も言えずに、涙だけをポロポロこぼしていると、お父様は静かに『さぁ、うたおう』とおっしゃってうたいはじめられるのです。

そうしてお父様といっしょに何時間もうたって、みんな涙を流すだけ流しました。あのころは一つの歌を一時間ぐらい、くりかえしうたうことがよくありました。うたいながら復帰歴史をたどり、イエス様の十字架の心と、それを見る神様の痛みを思って、ワーッと慟哭《どうこく》したりしました。そのうちにお父様の愛をひしひしと感じて、『ああ、自分はこの愛にどうやってこたえることができるだろうか』という思いで、また泣いたのです」。

大きな使命の前に、あまりにも小さく不足な自分。その道を行きあぐねて涙をこぼすとき――お父様は今も私たちの前に静かにお座りになって、「さぁ、うたおう」と言ってくださるのではないでしょうか。

私たちは、歴史が待ち望んだ時代の中にあって、讃美の心情の基台の上に立っています。宗教史の受難の中で神に呼びかけた祈りの歌を、だれよりも理解できる立場にあるのです。

「死者をも生者と一つにする讃美の歌」といにしえの聖者が表現したごとく、私たちは新しい時代と真の父母に結ばれた喜びを、うたいたいと思います。

なお、韓国の『聖歌集』に収められている聖歌には、本来の意味が分かるよう、日本語の訳を掲載しました。

真のお父様の作詞による聖歌

聖歌 1番

復帰の園

一
千歳《ちとせ》の願い荒れの園に
勝利の基《もとい》を求めて
尽くし来られた血の御跡《みあと》
これが父の賜《たも》う愛
これが父の賜う愛

二
幸の花咲く自由の道
楽しい望みの花咲きて
喜び嬉《うれ》しい園の香り
これが父の望む理想

これが父の望む理想

三
咲き初《そ》む自由　幸の園
嬉しく楽しい父の許《もと》
永遠《とわ》に生きゆく花の園
これが父の願う園
これが父の願う園

四
永遠の願いのこの理想
父が立て給《たも》う本然《もと》の国
楽しく香りて誉《ほま》れ帰《き》せ
これが父の創《つく》る善《よし》
これが父の創る善

●韓国語歌詞

一
六千年の怨恨の基　闘いの園
勝利の一つの中心を取り戻そうと
苦労しながら摂理した血の流れた跡
これがお父様の摂理の愛

二
幸福の花が咲き始める自由の摂理
幸福で楽しい希望の花が咲き始める
楽しくうれしい摂理の香気
これがお父様の願った所望

三
幸福の花が咲き始める自由の園
楽しくうれしい我らの本郷
永遠に末長く生きる麗しい園
これがお父様の許諾された園

四
永遠の摂理のみ旨　地上の理想
お父様が立てようとした本性の園
喜び　香り高く栄光を返そう
これがお父様の創造の栄光

真のお父様は一九四六年神の啓示により平壌《ピョンヤン》に行かれ、伝道を始められました。「神様の心情を語る青年伝道者」の評判が広まるにつれ、既成教会から信徒たちがお父様のもとに集まるようになり、牧師たちのねたみをかいました。当局からのスパイ容疑も重なって捕らえられ、百日に及ぶ入獄、拷問を受けられたのです。

しかしお父様はそれを超えて不死鳥のごとく蘇られました。そして、再び捕らえられたのは一九四八年二月のことでした。そののち五月二十日に、興南《フンナム》の特別労務者収容所に送られたのです。

「復帰の園」は、この興南収容所においてお父様が作詞されたものです。この歌詞を書かれたとき、どのような状況下でお父様が闘っておられたかを知ると、この聖歌に込められたお父様の深いメッセージが伝わってくる思いがします。

興南収容所は、強制労働によって囚人を処刑しようとする共産党の意図のもとに造られたものでしたから、三年以内にはほぼ全員が死んでしまうという過酷なものでした。

肥料にする硫酸アンモニアの固い山を崩して、カマスに詰めて運ぶ膨大な一日のノルマ。一九七〇年十月、七百七十七組のマッチングのときに、お父様が水澤里《ステンニ》修練所

興南工場。滝のように流れでる化学肥料は山と積まれる

（現・中央修練院）でこのときのお話をなさり、しみじみと講堂（現在のものと違い、かなり狭かった）を見渡されながら、「十人一組で一日千三百俵だ。考えてみなさい。千三百といったら、この講堂いっぱいになっちゃうよ」と言われました。

この強制労働は、間違いなく死刑の宣告でした。それは極端に少ない食事による飢えと労働の激しさが、二つの主要な死因でした。それらをどのように克服されたのでしょうか。お父様は「感謝と幸福を感じる環境をつくった」とおっしゃいました。

「どうせ、この御飯では死んでしまう。先生の決心は、この御飯半分で生きる！　残り半分は皆に分けた。半月すぎてから、あとの半分も直接余分にもらうと思って食べた。本来半分なのに、この中のだれよりも自分は毎日、半分ずつ余分にもらうという感激、それは大きなものだよ。精神的に幸福だと思うためには、神との交流をいかにするか」

このお話を伺いながら、ああ何というお方であるかと、驚きで胸がいっぱいになったのを覚えています。

「そして、労働に耐える決心をした。あと何分で休憩などと思わない。そういうことを度外視する。骨が溶けてしまうつらさを感じるくらいだが、昼がとても楽しみになる。しかし、それも全部忘れた。いかにして忘れるかである。仕事の中で、四十キロのカマスを持ち上げるのが一番苦しいから、みんないやがる。先生はそれをやらなければならない。みんな少しでも楽な仕事を探すが、結局は話にならない。一番難しい仕事を探してやらないと生き残る道がない」

このような心情で死を克服していかれる日々は、まさに殉教の十字架を超える基準を打ち立てられるものでした。

真のお父様は、この収容所の中で最初に弟子となった朴正華《パクチョンファ》氏に、「私は歌を一つ作ったので、これを一週間以内に全部覚えなさい」と言われながら、カマスにつける荷札数枚に書きつけた歌詞を渡されました。朴氏は「それを読むと、うれしくて自信が湧《わ》いた」と証ししています。（一九頁下段「韓国語歌詞」参照）

この原詩を読むとき、何の説明もいらないほどの、お父様と神様との親子の愛の絆《きずな》が迫ってきます。そして労働死刑を宣告された囚人の立場で、神様がつくろうとされる理想世界の愛を抱きしめて放さないお父様のお姿が、幾十年の星霜《せいそう》を超えて私たちに呼びかけてきます。

朴正華氏は、「御飯の上に一切れ置かれる漬け物が隣の人より小さいと、目の前が真っ暗になるほど悲しい、そんな生活の中でお父様は私に『円和園の理想』というお話をされました。それは真の父母を中心として、全人類が一家族となる理想世界の話で、それを聞いたときは夢の中で旅行をしているような気がしました。そして渡された歌詞を読んでみると、お話しされた円和園の理想を表したものでした。うれしくて一週間後に全部覚えて、お父様と一緒に当時の軍歌の曲でうたったのです」と話されました。

そのとき、替え歌のようにしてうたった軍歌とはどんな曲だったのかを、一九七六年に聖歌の取材で訪韓したとき、金元弼《キムウォンピル》先生にお聞きしました。「うたってみましょう」とおっしゃって、ゆるやかな速度でうたってくださったのが何と「軍艦マーチ」でしたので、びっくりしました。その後、一九五四年ソウルで現在の曲が作られ、歌詞にふさわしいものとなって、教会創立初期の数年間、数多くうたわれた聖歌となりました。

七百七十七組祝福家庭に、興南の証《あか》しをされた、一九七〇年十月十三日の夜のお父様のみ言《ことば》を忘れることができません。

「旦那さんや奥さんが先に寝ている、ああー何だ、自分も疲れているのに。そうじゃないよ、疲れて寝たその姿に涙を流して敬礼する。そこに香りあれば花ざかりの香りだ。一緒に走るんだよ。何が来ても切り離せない夫婦として。もしそういう家庭を果たさなければ、先生の苦労はむなしい。花はあんたたちが咲かすんだよ！」

聖歌１番「復帰の園」は、お父様が「このように生きよ」と切なる愛を込めて、硫安で溶ける指で書き留めてくださった、私たちへの貴い贈り物ではないでしょうか。

聖歌2番

聖苑のめぐみ

一
限りなき恵みは我に与わる
永遠《とわ》の生命《いのち》　喜びなり
我今　楽しく常に讃《たた》えん
栄光を高く捧《ささ》げまつれ

二
一つの喜びわが胸に得て
理想《のぞみ》を立て　常に歌わん
我今　楽しく常に讃えん
栄光を高く捧げまつれ

三
永遠の生命　我に溢れて
万《よろず》の祝い　ただ誉《ほ》め奉れ
われ今　楽しく常に讃えん
栄光を高く捧げまつれ

四
選ばれし恵みに我感謝して
誠を尽くして　御前《み》にひれ伏《ふ》さん
我今　楽しく常に讃えん
栄光を高く捧げまつれ

●韓国語歌詞

一
限りない恩賜を私に与えてくださり
永遠のその生命は真の喜びだ
私は今　喜び楽しみ　いつも讃美しよう
大いなる栄光を高くお返しし、常に報いよう

二
一つの喜びを見いだしたので私の心は楽しく
新しい所望を高めて常に讃美しよう
私は今　喜び楽しみ　いつも讃美しよう
大いなる栄光を高くお返しし、常に報いよう

三
無限の新しい生命が私にあふれ
永遠に楽しむ福は本当に感謝するばかりだ
私は今　喜び楽しみ　いつも讃美しよう
大いなる栄光を高くお返しし、常に報いよう

四
選ばれた大いなる恩賜　この身は感謝して
精誠の限りを尽くし　身をかがめて敬拝しよう
私は今　喜び楽しみ　いつも讃美しよう
大いなる栄光を高くお返しし　常に報いよう

一九五三年の春、釜山《プサン》において迫害が厳しく追われていく中、三度目に移られた水晶《スジョン》洞《ドン》の教会で真のお父様が作詞されました。

詩を書きつけたメモを見た金元弼《キムウォンピル》先生がそれを全部暗記して、一九五六、七年ごろに曲がつけられ、初めてうたわれるようになりました。

「真のお父様のものは自然に尊く慕わしく、すべて覚えてしまう」と言われる中に、金元弼先生のお父様に侍られる姿勢がまざまざとうかがえます。

南で最初に伝道された姜賢實《カンヒョンシル》女史が、入教した当時の釜山教会の状態を、証しの中で次のように語っています。

「家といっても、石と土を混ぜ合わせて、小さく築き上げてあるだけのものです。畳二枚も敷けない、雨の漏《も》るほら穴のような部屋で、多くて三人、ないしは二人で礼拝しているのですから、その環境からは到底信じることができませんでした」

そのような大変な状況下で作られたこの歌は、なんと感謝と深い喜びに満ちていることでしょう。

「真っ暗な夜に、明るい昼と思える感謝と希望の生活をしよう。私は爆弾が落ちてくる中で、理想世界のことをじっと想像した」と言われる、お父様の心がそのままに表されており、私たちに勇気を与えてくれます。

聖歌編纂の準備のために訪韓した際、この当時の先生のお姿を偲《しの》びつつ李耀翰《イヨハン》牧師に釜山に連れていっていただいたことがあります。お父様がいつも泣いて祈られた涙石は、歴史を語るかのようでした。

夜、釜山タワーにのぼると、釜山港の船にも街にも、きらめく灯がともっていました。

「あれがお父様の働かれた第四埠頭ですよ。こちらから第一、第二、第三、いちばんむこうのが第四です。当時はアメリカ軍がいっぱいいたから、船の出入りが激しかった。積み降ろしをしたりする仕事があってね、たくさんの人が働いていたものです」

静かに昔をたぐりよせるような李耀翰牧師の口調に、現実そこに、若き日のお父様が人夫の一人として汗を流しておられるような感覚におそわれました。

「だれか一言でも、私の心に秘めた悲しみを言い当てたら、私は即座に大声で泣き出すだろう。神と先生が抱き合って泣いた、その深い悲しみは地上のだれも知らない。深い神の心情は、だれも計り知れない。それを思うと、細胞が痺れてくるようだ……」

これは一九七〇年秋に語られたみ言《ことば》ですが、そのような、だれも知らない境地を一人行かれた道は、生きた歴史となって、私たちを導いているのです。

聖歌3番

聖励の新歌

一
創《つく》られしこの地に我生まれ
自由と幸のため選ばれて
真理で求めし聖励《せいれい》の御旨《みむね》
この身供《そな》えて成し遂げん　成し遂げん

二
強く呼び給う聖励の声
新エデンの知らせを宣《の》べ伝え
建設集いにこの身を捧《ささ》げ
自由の国を成し遂げん　成し遂げん

三　成さばや新たな主の家庭を
父の訪ね給う永遠《とわ》の理想
主の御言《みことば》をあまねく伝え
新天新地を成し遂げん　成し遂げん

四　わが主の立て給う一つの義に
新しき歴史は始まりぬ
栄光の理想なる善《よ》き父母に侍《はべ》り
平和の秩序を打ち立てん　打ち立てん

●韓国語歌詞

一　この地の上に送られて生まれた私は
自由と幸福のために選ばれ
真理で探し求める聖励の新しいみ旨に
身を捧げ牲畜となって成し遂げよう

二　力強く呼んでくださる聖励の声
新エデンの新しい知らせを伝播させ
新たな建設と新しい組織にこの身を
すべて捧げ
自由の新しい国を成し遂げよう

三　天の善なる父が捜し求めようとされた
永遠の新しい家庭を我らは求め
善なる義の新しい真理を伝播させ
新しい天と新しい地を成し遂げよう

四　一日の新しい生活で義を立て
永遠の新しい生涯で善を高め
栄光の理想であられる善なる父に侍り
平和の新しい秩序を建設せよ

真のお父様は、一九四八年四月に、平壌で共産当局によって五年の刑を宣告されて、興南《フンナム》の特別労務者収容所に送られましたが、その年の秋、北朝鮮では共産政権を樹立した記念として、四人に対する減刑処置がなされ、お父様の刑期は三年四か月に縮められました。

しかし二、三年以内にほぼ全員が飢えと過酷な労働で死ぬのです。そのような厳しい環境の中で、お父様はこの刑期を必ず全うし、生きて出るという決心をされました。

一九五〇年六月二十五日、日曜日の朝に、北朝鮮軍は一気に戦車をもって南に攻め入りました。まさに青天の霹靂《へきれき》でした。敬虔《けいけん》なクリスチャンの多い韓国では、聖日は特に神様に礼拝を捧げる日として、みな教会に行きます。その平和な朝を突然、重武装した軍隊が不意をついたのですから、ひとたまりもありません。

これは国際社会の大問題となり、アメリカを中心として十六か国から成る国連軍が結成され、マッカーサーの指揮のもと、思い切った仁川《インチョン》上陸作戦で活路を開いたことは周知のとおりです。

興南においては、お父様の前の四人まで処刑され、明日はお父様という、まさにギリ

真のお父様と玉世賢女史

ギリの夜に国連軍の爆撃があったと聞いています。こうして、一九五〇年十月十四日午前二時、お父様は二年八か月の受難を終えて解放されたのです。

その後、お父様は十日間、歩きづめで十月二十四日、かつて血と汗と涙の苦労をされながら伝道された地、平壌に戻ってこられたのです。そこで最初の食口《シック》の一人である玉世賢《オクセヒョン》女史の家に一時身を寄せられました（玉世賢女史は信仰の篤い婦人で、お父様が獄中におられるときもよく訪れて、精誠を尽くされました）。到着された日から十二月四日に南に向かって出発する日までの四十日間、「失われた羊」を捜し求める日々を過ごされました。

収監されるまで教会に導き、信仰を育てた人たちは皆散り散りになっていましたが、安否を尋ね、風聞を頼りに捜しだそうと四方に手を尽くされた期間でした。「自由の身になると同時に、福音伝道のための新しい構想と計画で心あせる日々を送られた」と柳《ユ》光烈《グァンヨル》先生が話しておられました。

興南から解放されて二十日、平壌に戻ってきてから十日過ぎた十一月四日に、お父様はこの聖歌3番「聖励の新歌」の歌詞を作られたのです。

お父様の作られた歌の中で、書かれた日にちまで残っているものはこれ一つといっていいでしょう。日付を書き留められたお父様を偲《しの》ぶとき、まさに題名どおり「天が激励される新歌」の歌詞のごとく、新しい出発の表示であり、宣布の意味を持つ聖歌ではないかと思わされます。

この歌には、新しい出発の表現が全歌詞に満ちあふれています。「新」という字のついた言葉が題のほかに十三個もあり、真のお父様の「新しいみ旨」成就に対する決意と望みが、どれほど大きなものであるかを推し量ることができます。

「聖励」という日本語はありませんが、三十六家庭のある先生は次のように説明されました。「聖励とは、お父様がみ言《ことば》を闘い取られる、死にものぐるいのご路程において、背後から力いっぱい促し、推し進める、天と三位神の励ましを表す言葉です」

「この原理を解明するまでの道がどんなに難しかったか、あなたたちに分かるだろうか」と、お父様がしみじみと語られたことがあります（一九六七年）。「例えば夜空いっぱい広がるほどのテントに、針穴が一つある。そこを明かりもなしに、たった一回で突き立てるほどの難しさである」とも語られました。

『原理講論』の総序の最後を訓読するとき、いつもそのときのお父様のお声がよみがえってきます。

イエス様の時代、多くの奇蹟《きせき》をあらわされても人々は十字架の主を見捨てました。お父様は奇蹟ではなく「真理のみ言を闘い取って神のみ旨を成す」と固く決心されたと聞いています。原詩の解説（一九六七年、三十六家庭の先生によるもの）を一番だけ記してみましょう。

「神様が備え、送ってくださったこの地に、私は神から迎えられた重要な使命者として誕生せしめられて、自由と幸福のために選ばれた。そして、真理によって神のみ旨を捜し求めることを天から促された。私は、私の身を捧げて、生命を懸け、死ぬ覚悟で（全き供え物、牲畜＝センチュク＝となって）そのみ言を捜し出すのだ！」

「この身供えて」と訳されている「牲畜」とは、お祭りに捧げられる犠牲の動物のことですが、広く信仰者の祭物としての姿も表します。一番ぴったりと分かる例は、イサク献祭のときのイサクの姿です。アブラハムによって捧げられようとしたその瞬間のイサクは、生きてはいるけれども死んだ立場だったのです。

地獄のような興南から解放されてちょうど二十日目に、戦乱のまっただ中の平壌で作られたこの歌は、だれも知らない神様とお父様だけの〝出発の記念碑〟となりました。歌詞の中でお父様は、神の摂理の最後の主人公として選ばれた、あふれんばかりの感激と決意を力強く、熱く訴えておられます。

「私はこの身をすべて捧げて、新しい神のみ旨を必ず成し遂げよう」と、北朝鮮の地で叫ばれたお父様のお声は、ときを越えて今、私たちの耳にも聞こえてきます。そのお声が、全世界の兄弟姉妹たちをこのように呼び集められました。私たちから始まる歴史のために、お父様のそのお声に和して、この「聖励の新歌」を歌おうではありませんか。

聖歌4番

栄光の賜物

一　はるかに輝く栄えの光
強く生きよ自由の生命《いのち》
この地の果てまで目覚め立て
生命の光　永遠《とわ》にあり
生命の光　永遠にあれ

二　呼びて求むる栄えの主よ
大いなる姿は天地《あまち》を抱き
「蘇《い》きた生命はいずこに」と
尋《たず》ぬる君を　如何《いか》に迎えん
尋ぬる君を　如何に迎えん

三
死から蘇《い》きたこの我は
蘇かしたお方に抱かれて
永遠の愛と恵みの声
いついつまでも　喜びを
いついつまでも　讃《ほ》めまつれ

四
栄えに入るのも主の恵み
愛に満つるも主の恵み
崇《あが》め崇めて奉《まつ》れども
足らぬこの身を　如何にせん
足らぬこの身を　如何にせん

●韓国語歌詞

一
あの遥か遠くまで照らしてくれる栄光の光彩
力強く蘇生せよ自由の生霊
この山河からあの谷まで目覚め起き
蘇生のその光彩を永遠に輝かせん

二
呼びて捜し求める栄光の存在
偉大なその姿は天宙を抱き
目覚めた生霊がどこにいるかと
捜し求められるその姿に　いかに侍らん

三
死亡から目覚めた私という一つの存在が
目覚めさせてくださったその方に抱かれるとき
永遠のその方の愛と慰労の声を
永遠に喜び　栄光を享受せん

四
栄光に抱かれるのも　その方の恩賜であり
愛に酔うのも　その方の恩賜なのだから
高めまた高めて報いようとするが
不足に思うこの心を　いかに抑えん

この歌は、「聖励の新歌」に続いて、同じ時期に平壌《ピョンヤン》で真のお父様によって作られたものです。一九五〇年の十一月でした。

この歌を作られたときのお父様は、収監前に平壌で伝道し、育てられた弟子たちを必死で捜され、呼び集めようとされる歴史的な四十日期間を過ごしておられました。

金元弼《キムウォンピル》先生はこのころのお父様の姿を、次のように話してくださったことがあります。

「北朝鮮の刑務所の耐え難い環境の中でさえ、お父様は一日三回ずつ私たちのために祈られました。その愛をどのように表したらいいでしょうか。

解放されたお父様は、歩いて平壌まで来られました。お父様が牢屋を出るときは、子女は走って侍り、慕って、迎えに行くべきだったのに、それをしませんでした。神様はそれを喜ばれず、叱《しか》りたいのです。お父様はその神様の心を知って、人を遣わして、今からでも食口《シック》が迎えにきた条件を立てさせようとされました。そのようにして捜されたのです。

牢屋にいるとき食べないで、ためておかれたはったい粉を持ち帰られ、練ってお餅《もち》を作り、残った食口に分け与えられました。お父様は苦しみに追われる生活はなさらない。

もっと苦しみを追求される方です。父母は子のために、そう生きるのです」（一九七〇年十月、水澤洞《ステクトン》の中央修練院で）

ただお一人、平壌まで十日間の道のりを歩かれるお父様は、収容所で食べずに取っておいたはったい粉を食口たちのために持って帰られたというのです。持てる最上のものを与えたいという、すさまじいほどの親の愛を感じた証しとして、深く私の胸に残っています。

獄中で弟子となった朴正華《パクチョンファ》氏は、解放されてからお姉さんの家に身を寄せていましたが、お父様が捜し当てて訪ねてきてくださり、再会を喜び合いました。

朴氏のお姉さんの家は平壌の高台にあって、町全体を見渡せる位置にありました。ある日、お父様は平壌全体を眺めながら、「私が、この平壌を第二のエルサレムにせよと天から命令を受けて来たのに、人々は受け入れなかったため、共産主義に奪われてしまう」とおっしゃって、嘆かれたということです。

イエス様もかつてエルサレムを見て泣かれました（ルカ一九・41）。「ああ、エルサレム、エルサレム、預言者たちを殺し、おまえにつかわされた人々を石で打ち殺す者よ。ちょうどめんどりが翼の下にひなを集めるように、わたしはおまえの子らを幾たび集めようとしたことであろう。それだのに、おまえたちは応じようとしなかった。見よ、おまえたちの家は見捨てられてしまう」（ルカ一三・34〜35）

まさにこのイエス様の嘆きと同じでした。お父様の目にははっきりと、この平壌のキリスト教徒たちがたどる悲惨な運命が見えておられたのです。

平壌には霊山があり、お祈りをする人たちがたくさん集まって、宗教的雰囲気が満ちていました。メシヤが再臨することを知っていた教団があり、主のために誕生から三十三歳までの服を洋服と韓服の二通り、全部準備していました。服のサイズを神様が教えてくださったそうです。

身を清めて、朝の一番のりで店に入り、まだ売られたことのない織物を一巻き全部、値切らずに買うのです。そして身を清めて縫うのですが、啓示どおり、三針縫って糸を引くという縫い方でした。その部屋に不意に客が来れば、もう一度、惜しげもなく最初からやり直しをするのだと、金元弼先生が一九七〇年十月にお話ししてくださいました。

特に印象的だったのは帽子のお話です。ソウルで最高級の帽子を、馬の尾の毛で編んで作らせたのですが、主がかぶられる帽子を目の高さより下に下げて持ってはいけないと、三人が交代で捧げ持ちながら平壌まで運んだというのです。驚くべき精誠の基準に圧倒され、今さらながら私たちの迎えた方の天的価値のすごさを思いました。

「主よ来たりませ」と二千年、信仰ゆえに殺されながら、再臨を待ち望んだキリスト教徒たちの殉教史を基盤として、この教団は「サタン世界を越える精誠の条件」を立てる使命があったのです。これが腹中派です。共産当局から迫害され、責任者は殺されました。真のお母様の御母堂、洪順愛《ホンスンネ》大母様《テモ》は、この教団におられた方です。

それほどに備えられた第二のエルサレムが今、目の前で踏みにじられようとしているのを、お父様はどれほど惜しく思われたことかと思います。けれども、御自分に世界と歴史の運命がかかっていることを御存じのお父様は、新しい希望に向かって出発の準備をされつつ、そのような時期にこの「栄光の賜物」を作詞されたのです。

この聖歌の曲は、金元弼先生の母校（平壌師範学校）の校歌のメロディーでうたっていたところ、それが定着したということです。

この歌をうたうとき、広々と伸びやかなメロディーとあいまって、一つひとつの言葉が、心を縛りつけるもろもろの鎖を解き放ち、勇気と喜びの中に引き上げてくれるのを感じます。

一番の「生きよ」という言葉は「蘇生《そせい》する」「生き返る」という意味を持ち、「死から生へ力強くよみがえれ」という強い呼びかけとなっています。

柳光烈《ユグァンヨル》先生が「この聖歌の歌詞の性格の特異性といえば、作詞者自身が天の立場に立ったり、一般聖徒の立場にも立ったりするという点です」と言っておられました。確かに歌詞をかみしめつつうたっていくと、一番は天からの呼びかけとして力強く、「強く生きよ、自由の命」とうたい、二番からは主を迎えた聖徒たちの心を歌ってくださっています。

特に四番をうたうとき、私たちの不足さに涙しながらも、限りない天の愛につながれていくのを感じるのではないでしょうか。四番の原詩の意味を記してみましょう。

栄光に抱かれたのもその方の恩賜であり
愛に恍惚となるのもその方の恩賜である
高くまた高く（栄光を）お返ししようとするけれども
（その方の前にあまりにも不足な私の）この足りない心をいかにしたらいいだろうか。

この聖歌について語られた柳光烈先生の言葉をかみしめてみたいと思います。

「死の沼のような、恐ろしい獄生活から解放されてからまだ一か月もたたないときでしたが、その心を表現されたこの聖歌の中には、険しい道の痕跡すらなく、むしろ新しい世界、新しい歴史建設に対する感激と希望が躍動しています」

二〇〇六年六月十三日、「天正宮博物館奉献式および天宙平和の王 真の父母様戴冠式」時に、「栄光の賜物」が「天一国の歌」となったことが発表されました。

聖歌5番

勝利者の新歌

一　ホザナの栄光を求めし我ら
迎えよや新たなる　栄えの生命《いのち》を
約《やく》されし御旨《みむね》を我らは成して
※（くりかえし）
自由と幸の歌、　喜び歌い
自由と幸の歌、　喜び歌おう

二　暗き闇夜《やみよ》を切り開き
輝く朝は来た　新しき夜明けが
鳴らせ高らかに平和の鐘を
※

三　新しき生命《いのち》受けし我ら
　誇りていざ歌え　新しき歌を
　選び給う御業《みわざ》を讃《たた》えよ高く
　※

四　創りし主の御旨《みむね》尋ねしわれら
　天《あめ》なる美と愛　輝かさん
　和動の花園を我らは求め
　※

●韓国語歌詞

一　ホサナの新しい栄光を我らは奉り
　栄光の新しい生命の主に喜びで侍る
　約束の大きな栄光を我らは求め
　幸福の自由の園で新しい歌を歌おう

二　暗黒の雲霧をかき分けていくと
　光明のごとく新しい世界が輝く
　新しい喜楽と新しい和平を我らは求め
　幸福の自由の園で新しい歌を歌おう

三　新しい生命の新しい歌を歌う者なしや
　大いなる恩賜で選ばれし召命に従い
　所望の新しい栄光を我らは求め
　幸福の自由の園で新しい歌を歌おう

四　造られた善を我らは手本とし
　天の美と愛をさんらんと輝かせ
　和動の花園を我らは求め
　幸福の自由の園で新しい歌を歌おう

私たちの聖歌の中で一番古い曲といえば、聖歌5番「勝利者の新歌」です。

この歌がお父様によって作詞されたのは一九四七年のことで、その一年前にお父様は神の啓示により平壌に行かれ、伝道を始めておられました。

「神様の心情を語る青年伝道者」の評判が広まるにつれ、牧師たちのねたみをかいました。当時、南下する人はいても、南から北へやってくる人は珍しく、当局からのスパイ容疑も重なって一九四六年八月十一日に捕らえられ、百日に及ぶ入獄、拷問を受けられたのです。

この獄中で、神が用意されたキリスト教の代表としての腹中派との出会いがあったのですが、中心人物が悟ることができずに、摂理は失敗してしまいました。二千年間の殉教の歴史のすえに準備された基台がくずれた、神の悲しみの日（九月十八日）でした。その中心人物は獄死し、お父様は筆舌につくしがたい拷問のすえ、半死の状態で釈放されたと伝えられています。

「出ると、途端に喀血《かっけつ》したね。血を吐きながら霊界の援助で起き上がっていった」とお父様ご自身が語られています。そして弟子たちが止めるのも聞かず、そのお体で激しく説教し、断食しながら新しい来教者のために尽くされました。

そのような命懸けの伝道の日々が続く一九四七年に、この「勝利者の新歌」を作られたのです。その翌年には〝生きながらの死刑〟といわれる興南《フンナム》収容所に行かれたことを思うと、この歌を作られたときのお父様は、明日はどうなるか分らない悲惨な状況におられました。けれども、そんな困難な時期に作られたのに、歌詞には暗さの影もありません。

「勝利者の新歌」の名前のとおり、原文の歌詞には、新栄光、新生命など、「新」という字のついた言葉が十数回も出てきます。これは古い世界とは全く関係のない、神を中心とした新秩序の世界を意味します。

特に「自由と幸の歌喜び歌おう」と四番とも繰り返しがありますが、外的に見れば何の希望もない状態の中でも、はっきりとお父様の目に見えておられた輝く朝、はっきりと聞こえておられた平和の鐘、そして胸をはずませる喜びが私たちに伝わってきます。

題にも使われている「勝利者」という言葉をしみじみと考えてみます。お父様の勝利は目に見えるものからは始まりませんでした。すべての基台が失われたどん底の中で、ただ一人祈り、神を慰めていかれた、その一人の方の心に既に勝利があったゆえに、時を経てそれが実りとなっていくのです。

辛玉淳《シンオクスン》先生（昔、霊的役事をされた方）が「これは養子圏から実子圏に移るときの歌です」と霊的な背後を証《あか》しておられました。歴史に刻まれたお父様の、その心情の宝は、聖歌5番「勝利者の新歌」をうたうとき、常に私たちと共にあります。

聖歌6番

悩める心に

一

暗き力が我を襲い
思い乱るる弱きわれ
おのが思いのみ煩いて
罪はわが身に　生まれ出ずる
罪はわが身に　生まれ出ずる

二

尋ねしわが主のみ声聞けず
無知なる我はかたくなに
己が喜びに歩みしに
主は泣き十字架に　帰り給う
主は泣き十字架に　帰り給う

三　長き闇世《やみよ》を救わんため
険しき荒野《あれの》を歩みつつ
死すべきわれらを訪ね給う
わが主の恵みに　いかにこたえん
わが主の恵みに　いかにこたえん

四　栄《さか》えの君にまみえんと
罪のこの世と闘いて
苦しみあえぎつ歩みきた
わが身に主は　今語りたもう
わが身に主は　今語りたもう

五　栄えのこの日を讃《ほ》め歌わん
永生極楽四方《ごくらくよも》に満ち

●韓国語歌詞

一　暗闇におおわれた勢力が　この身に沈み
知らず知らずに誘惑される誤った心
自分のために生きようとする思いがわいてくる
私の身に暗闇が権勢を振るい始めたなあ

二　無知なこの私の体は　私の思いを受けて
尋ねてくださる主の心情を知り得ずに
自分だけが楽しもうと固執する
主は泣き十字架に再びかかるのか

三　悲しい世の中を取り去ろうと　私の主は来られ
険しい苦痛の一つの道をも歩まれながら
苦労して死すべき罪人を訪ねてくださるが
その大いなる恩賜に何をもって報いようか

四　死亡の世界に勝たんとして　無限に苦労し
新郎となられた私の主を訪ねようと
あえぎ闘ってきた私の身が
今日になってやっと主に会い慰労を
受けるのだなあ

六

罪咎《とが》深きこの身にも
新たなる生命《いのち》　みなぎれり
新たなる生命　みなぎれり

おおわが新婦よ来たりしか
岩山荒野に我を尋ね
苦しみ耐えきし汝《な》が姿
この日を願いて　耐えきしか
この日を願いて　耐えきしか

七

いざいざ来たりて共に讃《たた》えん
汝がため備えしこの日まで
秘めきし宝妙《たえ》なる愛
汝がため備えし　真の愛
汝がため備えし　真の愛

五

天の栄光を望み見ると　私の心は楽しみ
永生福楽の真の喜びが私にあふれ
あらゆる罪にのまれて死すべきこの身が
今日になってやっと真の生命を再び得たなぁ

六

愛する私の新婦よ　お前は今来たのか
私を尋ねて険しい峠をいくつも越え
息がつまるとき「私の主よ」と叫んだ姿は
この一つの所望を得ようと耐えてきたのだなぁ

七

さあ　さあここに来て　共に楽しもう
お前のために今まで準備し
隠していた無限の宝　奥妙な愛
お前のために準備していた真の愛なのだ

一九五〇年十二月二日、全平壌《ピョンヤン》市に後退命令が出されました。国連軍に押されていったん退却した北朝鮮軍は、中共軍と一つになって再び大軍をもって攻め下り、朝鮮半島は三度、〝血のローラー作戦〟の犠牲になったと言われています。

十二月四日に、お父様は第一弟子の金元弼《キムウォンピル》先生、朴正華《パクチョンファ》氏と共に平壌を出発されました。朴氏は共産当局により足を折られ、まだ治っていなかったので、自転車に乗せ、引っ張ったり押したりしながらの避難が始まりました。

途中で朴氏は、このように手のかかる自分をおいて行ってほしいと言ったそうです。しかしお父様は、「私たちは、死んでも一緒に死ぬのであり、生きても一緒に生きる約束をした者である」とおっしゃって、最後まで命を懸けて連れていかれました。

途中、お父様とほぼ同じ体重の朴氏を背負って、冷たい水の中を六キロも歩かれたこともありました。「もし、私が朴氏を背負って渡ることができないならば、どうして私が天宙復帰の責任を負うことができようか。それが先生のそのときの気持ちだった」とお父様は語っておられます。

道に溢《あふ》れつつ、ひたすら南下する避難民は、時折、戦闘機に空から射撃されてバタバタと倒れていきました。その死体を越えて後の人が進むという状態でした。死んだ母親のそばで乳飲み児が泣いている生き地獄のような中で、お父様は「神の摂理を担う民族の悲惨な姿に、断腸の思いで道端で涙した」と後に語っておられます。

約二か月後、五一年一月二十七日に、釜山の草梁《チョリャン》という所に着かれました。それで釜《プ》山《サン》の教会では、一月二十七日になると、「釜臨節」といって、お父様が釜山に着かれたこの日を祝賀するということです。

その年の夏までに、ポムネッコル（釜山市東区凡一四洞一五一三番地）に土と石を混ぜて小屋をつくられ、五三年一月まで住まわれました。ここで「原理原本」を書かれました。聖歌6番「悩める心に」は、この小屋でお父様が作られたものです。

その当時、お父様が手帳に書いておかれた他のものとともに、侍っておられた金元弼先生が見つけて写しておかれました。後に教会創立直後、公開されて作曲がなされたのです。したがって、小屋をつくられてすぐ後の作品（一九五一年秋）と推察されますが、確実な日にちは伝えられていません。

この聖歌について、「その当時（一九五一年）、サタン的勢力の挑戦を受け、大変複雑な心境であられたのだろう、徹底して弱い罪人の立場から、救援を受けていく聖徒たちの心情をとても切実に表現された。このように真摯《しんし》で赤裸々な聖歌は、少なくとも先生の作品の中ではほかにない」と柳光烈《ユグァンヨル》先生が記しておられます。

お父様が作られた他の聖歌はすべて、明るく感動的であり、望みがあふれているという共通性があります。そういう点から、この聖歌はとても特別で、まれなものであり、聖徒たちが抱く信仰的心情がよく表されていて、すべての人の心と信仰生活に大きな力を与え、道しるべとなってくれるのです。

この聖歌の原題は、「暗闇《くらやみ》に囲まれた勢力」とつけられています。定かに見えないけれども、恐るべき不気味さで迫る、闇におおわれた力。

「一番恐ろしいもの。それは目に見える実体的なサタンより、じんじんと霧のように迫ってくる霊的圧迫だ」と、お父様が三十六家庭の先生に語られたことがあるそうです。この歌の題は、正にこのような闇の力――命と存在そのものまで根こそぎのみ込んでしまうような力――を表現しているのではないでしょうか。

翻訳をされた桜井節子さんは、次のように語ってくださいました。

「この歌は、私たちの立場に立って書かれています。この歌詞を訳しながら、お父様はだれよりも、罪人《つみびと》の立場の苦しみをご存じだと私は感じました。

暗闇の力に取り囲まれてどうすることもできず、罪にとらわれていってしまう弱い私たち。そんな私たちが、主を待ち望んで苦しみながらも歩んでいく姿を、本人以上に胸を痛めながら導いてくださる父の愛が伝わってきます。

この歌が日本に伝わった当時、よく泣きながら皆で歌いました。一番から五番までは、罪人の立場から主を尋ね求める歌詞となっており、六番と七番はそういう私たちを迎えて抱きしめて喜ばれる、天からの愛の言葉です」

七番まである長い歌詞の中で、罪人の苦しみも殉教史に耐えたクリスチャンの恨《ハン》も、みなお父様が解放してくださっていることを感じます。キリスト教徒は「主よ、来たりませ」と花婿《はなむこ》たるイエスを待ち望みつつ、長い受難の歴史を越えてきました。

傷つき倒れながらも、ついに新郎と新婦が出会う六番の歌詞は、切々と私たちの胸を打ちます。

「ああ、愛するわが新婦よ。あなたは今、私のもとに来たんだね！　険しい峠を幾たびも越えながら、私を探し、私を呼んできたあなたのその姿……。いつの日か必ず会えるという、ただ一つの希望を持ちながら、あなたは耐えてきたのだね」

ポムネッコルの土壁の小屋

ポムネッコルの土の小屋でこの詩を書きながら、お父様こそがその出会いの日を待ち焦がれ、その光景を幾度も思い描かれたことが伝わってきます。

「あなたがたがわたしを選んだのではない。わたしがあなたがたを選んだのである。そして、あなたがたを立てた」（ヨハネ一五・16）と聖句にあるように、私たちより先に神様が尋ねてこられました。この聖歌を讃美しつつ、私たちを迎えて天国の門を開こうとするその愛に浸り、力強く立ち上がっていきたいと思います。

聖歌7番

統一勇士の歌

一
心情の因縁《ゆかり》で世界は生き
一つに結ばる本然《もと》の縁《えん》
永遠《とわ》に授受する　我らの故郷《ふるさと》
幸の礎《いしずえ》のもと千代に生きん
我らは誇れる統一の勇士
強く愛して勇み進まん

二
永遠の心で光彩《ひかり》を放つ
創られし万物《よろず》の栄光の灯台《あかり》
生命《いのち》が溢《あふ》れる　本然《もと》の人格《すがた》
理想《のぞみ》の価値で花咲かせん
我らは誇れる統一の勇士
強く御旨《みむね》立て勇み進まん

韓国語歌詞

一
心情の因縁で世界は生き
一つに結んでくださった本性の因縁
永遠に与え受ける私たちの本郷
幸福の礎の上にとこしえに生きよう
私たちは誇らしい統一の勇士
力強く情を合わせて勇進しよう

三

秩序《ちつじょ》の基《もとい》に真実《まこと》を立て
永遠を約する変わらぬ価値
高く立てらる　真理のしるべ
揚々《ようよう》たる善《よ》き日をほめ讃《たた》えん
我らは誇れる統一の勇士
強く叫びて勇み進まん

四

東方《あずま》に明ける輝く文化
全ての民は同胞《はらから》と
願いし善《よ》き父母　永遠に侍り
誓いて成さん一つの世界
我らは誇れる統一の勇士
強く理想に勇み進まん

二

無限の人格で光を放つ
造られた万物の栄光の燈台
生命がほとばしる本然の姿
所望の価値として花咲かそう
私たちは誇らしい統一の勇士
力強くみ旨を立てて勇進しよう

三

秩序の基の上に真を立て
永遠を約束する不変の価値
高らかに立てられる真理の標柱
希望に満ちた善なる日を飾ろう
私たちは誇らしい統一の勇士
力強く叫びながら勇進しよう

四

東方に明けて来る輝かしい文化
全世界がその光の中で兄弟となり
願われた善の父母をとこしえに敬い崇め
必ずや成し遂げよう一つの世界
私たちは誇らしい統一の勇士
力強くその世界に勇進しよう

一九六二年、真のお父様が作詞されました。曲は韓国の大邱《テグ》という町の市民歌曲からとったそうです。この歌のいきさつを、朴正敏《パクチョンミン》さんという婦人伝道師から次のようにお聞きしました。

「伝道報告会で集まったとき、お父様が『釜山《プサン》のひばり！』とお呼びになり、何かうたうように言われました。私は、昔開拓した大邱の市民歌曲が大好きだったので、それをうたいました。大邱は教育が盛んで、熱心なクリスチャンが多い町です。その歌は市街を囲む自然の美しさと、心の誇りをうたった愛郷歌で、苦しいとき、いつもそれをうたっては勇気を出して開拓伝道をしたものです。先生は大層気に入られ、幾度も私にうたわせられました。数か月後、そのメロディーに、先生は希望と激励に満ちた詩をつけられ、皆に教えてくださったのです」

朴正敏さんを訪ねた時、「おお、何と大切な人でしょう！」とまるで母が幼子に会ったように、温かい力で私を抱きしめてくださいました。「日本の兄弟は天の宝です。神様がどんなにか、胸溢れるほど愛していらっしゃることでしょう。そのことを思うといつも泣かずにいられません」と、それは心の深いところから溢れてくるような声でした。

たった一人に会ったときでも、日本の兄弟のすべてに会ったような、神様の親の心情をもって迎えてくださる……その姿に私は神様に会ったような感動を覚えたのでした。

同行してくださった李耀翰《イヨハン》牧師が、「人に会うのは神に会うのですね」としみじみおっしゃった言葉も忘れられません。韓国では、どこへ行っても、そういう出会いをしてくださる方ばかりでした。

信仰が実らせるみごとな情感。人と人との間に常に神様がおられる。その霊的雰囲気がさりげなく、呼吸する大気のように満ちていた清冽《せいれつ》な印象を、この歌をうたうたびに思いおこします。

聖歌9番

朝日に輝く

一　朝日に輝く　わが山河
友よ諸共に勇み立ち
生命《いのち》の御声《みこえ》の満ち溢る
自由の天地に　仕えまつれ

二　果てなき大地よ　豊《ゆた》けき地
身も霊《たま》もすべて捧《ささ》げまつり
天地《あめつち》よろずを神に帰《き》し
勝利の御旗《みはた》をかざし進め

三
御父《みち》に召されし　若き日を
力の限りに戦わん
天《あめ》なる兵士よ奮い立て
永遠《とわ》の理想を打ち立てよ

●韓国語歌詞

一
夜が明けて新しい朝が訪れる我が三千里
あなたも私も手をつなぎ　ありったけの
力強い生命の声で天地を震動させ
自由の新天地を永遠に輝かせよう

二
広く大いなる天と地は我らの福地
あなたも私も祭物になり　成し遂げよう
許諾された聖なる民の建国の基
勝利の旗を掲げて勇進しよう

三
父の心情で満ちあふれた身
あなたも私も大いなるみ旨を　高く奉り
天のための精兵になって力強く闘い
造られた善の理想を立ててさしあげよう

統一教会で修練会は、いつから行われてきたのでしょうか。初めての本格的な修練会といえるのは、四十日間にわたって行われた第一回伝道師修練会（一九五九年一月十日～二月二十日）でしょう。場所はソウル・青坡洞《チョンパドン》の本部教会（当時）でした。真のお父様は非常な関心を寄せられ、真心を投入されて、どうしても必要な用事のほかは毎日毎時間、修練生と一緒に過ごされました。この第一回の修練会のときには、ほとんどすべての古参の先輩たちが参加されたそうです。

この第一回修練会に限って、お父様は特別な方法を取られました。十日に一回ずつ、全部で四回の試験を行い、一回目は十点満点、二回目は二十点満点、三回目は三十点満点、四回目は四十点満点とし、四回を総合して百点になるという採点方法だったそうです。

あと三日で修了式という二月十七日の夜、大先輩に当たる幹部修練生数人の方がお父様の部屋に伺い、「どうか、新しく出発する修練生たちに、信仰生活の指針となるみ言《ことば》を（書いて）下さいますよう」とお願いしたそうです。

そのときお父様は、「そういう形ではなく、み言の代わりに、前から修練生たちが願ってきた歌を作ってあげよう」とおっしゃって、その場でこの「原理勇士歌（日本題

伝道師修練会の修了式（右奥・真のお父様）

「朝日に輝く」）」を作ってくださったのです。修練会の中で心を鼓舞する歌がほしいと、参加した皆が願っておられたそうです。その場で詩を作ってくださったというのがすごいですね。世界的な詩の賞をお父様は受けられましたが、お若いころの詩を見ても、心の世界の深さと、それを表現する言葉の豊かさに感動するばかりです。

こうして歌詞は作っていただきましたが、作曲はすぐにはできませんでした。それで、二月二十日の修了式には、歌詞をそのまま唱和することによって歌の代わりとしたそうです。

このとき、第一回修練生の記念サイン帳「復帰の城塔《じょうとう》」の最初のページに、み言の代わりにこの歌詞を、お父様が自筆で書いてくださったのもうれしい思い出となったとのことでした。

その後、四回もの修練会の間、歌詞だけを唱和していましたので、お父様は梁允永《ヤンユニュン》女史を呼ばれ、「この詞に曲をつけ、修練会のときにうたう力強い歌を作りなさい。修練生たちのために命の力あふれるような生き生きした歌がほしい」と言われました。

梁女史は祈りながら作曲をして、お父様に聴いていただいたところ、「あまりにかわいらしい、優しい感じの曲だ。それは少年少女のための歌として使ったほうがいい曲じゃないか」と言われたそうです。その曲は後に、それにふさわしい愛らしい歌詞がつけられ、別の曲ができました。

そこで、もっと力強い歌にしなければならないと心がけながら、梁女史は二度目の曲を作りました。それをお父様が認めてくださり、一九六一年五月十三日、第六回全国伝道師修練会修了式のとき、ついに曲をつけてうたうことができたのです。どんなに誇らしく、高らかにうたわれたことでしょう。

歌詞に込められたお父様の勇壮な激励と、奮い立つ召命の志が迫ってくる素晴らしい聖歌です。

韓国・日本で作られ、うたい継がれてきた聖歌・讃美歌

聖歌8番

東の勇士

作詞　柳光烈

一
勝ち鬨《どき》いざ立て東の勇士
千歳《ちとせ》の歴史を切り拓《ひら》き
神の御《み》旨が成さる時
諸共《もろとも》にそれ立て　成和の若人

二
夢ならぬ夢が成る新世紀明け
朝鐘打ち打ち日が昇る
三十億すべてが望みに生き
諸共に行こうぞ　永遠の若人

三　勇みて砕けよサタンの力
父と御子《み》らの命令に
天地《あめつち》すべてを捧げまつり
諸共に勝ち抜け　平和の若人

●韓国語歌詞

一　声を上げて立ち上がろう　東方の輝き
六千年の暗闇がすっかり晴れて
神の願われしみ旨が伸び広がる日に
みな共に立ち上がろう成和の若人

二　夢ならぬ夢が成される新しい日が明け
朝鐘を打ち鳴らし日が昇れば
全世界の全人類が光明に満ちて生きる
みな共に進もう成和の若人

三　勇敢に打ち砕けサタンの勢力
真の父、息子、娘の一つの号令の前に
天下万象すべてを捧げまつる
みな共に勝ち抜こう成和の若人

この歌の作詞者、故・柳光烈《ユグァンヨル》文化部長（当時）は、『生火』『離夜路』などの詩集を出されている詩人でいらっしゃいます。この歌の原題は「成和青年歌」といい、一九五五年四月十一日に青年会が発足したときに、青年のための歌がなくてはならないということで作られたものです。

歌詞が募られ、公募にこたえて寄せられた作品のなかより柳先生の詞が選ばれました。「日本では〝東の勇士〟とうたうけれど、私は〝東方の輝き〟と作詞したのです」と、柳先生が意味を話してくださいました。〝光は東方より〟という聖句を中心とした作詞だそうです。その光も弱々しいものではありません。目眩《めくるめ》くような光の束――闇の覆いを、一度に切って落としたような力強い光――。六千年の暗黒の歴史が、その力強い閃《ひらめ》きによって、いっぺんに光明の世界に転じるという、夢のような理想が実現する新世紀の朝をうたったそうです。

私は、「たとえ光という言葉でなくても意味は先生がおっしゃるその通りの気持ちが伝わっておりました。私たちこそ、その朝を来たらせる勇士であると、希望に燃えながら、路傍伝道や開拓伝道に出発するときなどに、繰り返し繰り返しうたっていました」と申しあげました。

手を勇ましく振りあげ振りおろしながら、時にはまわりの家々から苦情が来るほど歌ったこともあります。弱起《じゃっき》で始まる曲なのに、初めの拍で手をふりおろしてしまう兄弟が多いので、どうもうたっているうちに力がぬけてしまったりしました。よく、先輩が「勝ち鬨《どき》の〝ち〟の所で、手をおろすんですよ」などと、手のふり方を指導してくださったのを思い出します。

〝成和の若人〟という言葉がありますが、和とは、丸く授受して球形運動をなしている形をいいます。象徴的には、理想世界をあらわしますから、成和の若人とは〝理想世界を成していく若人〟と説明できるでしょう。

柳光烈先生

「すごく燃えていましたね。草創期、わずかしかいないのに、もう我らが決意してやれば何でもできる。神とともにあり、と。一人一人が、天下の将軍の気迫でした。そんな情熱と勢いをこめて作られた歌なのです」と、柳先生は話しておられました。

聖歌11番

成和青年歌

歌詞　黄衡鎮

一　御父《みちち》の召《め》し受く　成和の若人《わこうど》
輝くアジアにのろしを上げ
長き罪の　夜々を打ち払い
地にぞあまねく朝を呼べ
※（くりかえし）
上げよ成和ののろしを高く
行こうよ海越え地の果てまで

二　罪のすべては　焼き払い
恵みに溢《あふ》れし新天地に

真の決意　みなぎる我等《われら》に
勝利の歌声聞こえ来る
※

三
熱き血潮《ちしお》は　希望に溢れ
靴《くつ》音高く戦列《せんれつ》は行く
五色《ごしき》の光　行く手に輝き
揃《そろ》う歩調《ほちょう》は天地に響《ひび》く
※

●韓国語歌詞

一
お父様の召命を受けた成和の若者
アジアの東方にのろしを高く揚げよ
長い罪悪の幾夜を払いのけ
八万里の地球上に新しい日が明けた
※（くりかえし）
揚げよ成和の、のろしを高く　高く
進みゆこう海を越えて　地の果てまで

二
罪悪をことごとく火で焼いてしまい
祝福に輝く新天新地に
成和の真のみ旨が互いに和動し
勝利の歌が高らかに聞こえる
※

三
熱い血潮で希望にあふれ
気勢もりりしい若者の大行列
五色の光が道々を照らし
力強い行進が地軸を響かせる
※

一九五五年六月に、二十歳そこそこの青年、黄衡鎭《ファンヒョンヂン》氏によって作詞されました。

一九五五年初夏のころは、その前年につくられた学生会が発展して、成和青年会を発足させ、教勢的にも大きく飛躍していました。しかし同時に試練と受難の始まった時期でもあったのです。

梨花《イファ》女子大生十四名の退学を契機として、噂《うわさ》が大きく広がり始め、その噂のほとんどは中傷的な話題として脚色され、ちまたに伝わっていきました。最後は、すべての既成教会とミッションスクール、そして警察当局まで警戒体制をとるようになりました。

四月に引っ越してきた奨忠洞《チャンチュンドン》の教会は、それまでに比べて立派な建物で、その教会の二階の講義室では、毎日のように訪れる受講者に、当時の劉孝元《ユヒョウウォン》協会長が講義をされていました。けれども一方では反対する人々が訪れたり、警察当局が訪ねてきて、講義を聞いている人に名前などを聞くこともあり、行く手にだんだん暗雲が立ちこめていった時期でした。また財政面においても困窮し、教会の生計を立てていくのが難しくなっていったのです。

しかしその中で、青年たちの志気は高く、「新しい歴史を建設する！」という誇り高い思いに燃えて、さまざまな障害を越えていました。

そのようなとき、二十歳くらいの青年、黄衡鎮氏が入教してきました。彼は、李月星《イウォルソン》長老の甥《おい》であり、長老に導かれて入教したそうです。そしてわずか数か月の間に、この「成和青年歌」の作詞をしたのです。

詞ができあがるや、ただちに曲がつけられてうたいだされました。当時の青年食口たちの意気が最もよく表されている歌だといわれます。

これからわずか一か月後の七月四日に真のお父様は拘束され、歴史的受難である「梨花女子大事件」による西大門《ソデムン》収容所に収監されるという時期に作られたこの歌！　その時をしのびながらこの歌をうたうとき、新世界に対する喜びと歴史を担当する者としての意気、そして希望にあふれて走っていく成和青年たちの歩みが私たちを励ますごとく、呼びかけてくるのです。

「神から召命を受けた成和の若人よ、長い罪悪のやみ夜を払いのけよ、新しい日のあけぼのが来る。熱い血潮で希望に胸をふくらませ、気勢も堂々たる若人の大行進が行く。五色の光が道を照らし、力強き歩調に天地はひびく。成和ののろしを高くあげよ！海をこえて地のはてまで進んでいこう！」と。

聖歌12番

我は行く

作詞　黄煥栄

一　我は行く
我は行く
主が歩まれた涙の寂しい道
重なり重なる十字架の道
御旨《みむね》のみを　我は行く今行く
御旨のみを　我は行く今行く

二　我従う
我従う
主が選ばれた茨《いばら》道

光のため耐え忍び勝利の冠《かむり》得る道
身も心も　我従う従う
身も心も　我従う従う

三

我仕《つか》えん
我仕えん
主が来られきた辛《つら》い道
千歳《ちとせ》願い胸に抱き栄《さか》えの園求め
サタン押しのけ　我仕えん仕えん
サタン押しのけ　我仕えん仕えん

●韓国語歌詞

一

我は行かん　我は行かん
お父様が歩まれた道は涙の道
孤独な谷　寂しい野原
幾重にも重なる険しいその道
み旨のみを見つめて我は行かん　行かん

二

我は従おう　我は従おう
お父様が選ばれた道は茨の道
光明のために耐え忍び
勝利の月桂冠を得るその道
身も心もすべて捧げて我は従おう　従おう

三

我は仕えん　我は仕えん
お父様が志された道はつらい道
六千年の長き怨恨を抱き
栄光の本郷の家を訪ね求めるその道
サタンを退けて我は仕えん　仕えん

だれもが一度は通らなければならない試練の日は、どのような形でやってくるのでしょうか。かよわい芽をふいただけの私たちの魂は、どれだけ耐えて真実の勝利を勝ち取ることができるでしょうか。どんな個人も、どんな宗教も、試練と迫害なしに歴史に残りはしませんでした。

「クォ・バディス・ドミネ?」（主よ、何処に行き給う?）。ネロの時代、迫害のただ中にあるローマを逃れようとしたペテロの前に現れたキリストは、ペテロのその問いに対して「あなたが私の民を捨てていくならば、私はローマに行って再び十字架にかかろう」と答えられます。狂乱の都ローマに、神の国の礎を起こそうとされた神の摂理を思ってもみてください。常識における闘いではありません。キリストはいつも、その闘いの先頭に立ち、その迫害のただ中を通っていかれます。

韓国統一教会の初期に起こった迫害は嵐のようでした。事の起こりは、八十年の歴史を持つ名門の梨花女子大学での伝道が非常な勢いで進んでいるとき、大学側が「私は学校をやめても神のみ旨に従います」という十四人の学生を退学させたことに始まります。学生の親たちは驚き、マスコミを通して学校側を非難しました。

梨花女子大事件で退学した学生たちは、淑明女子大学に転学して卒業した

ところが、大学の副総長は当時の李《イ》承晩《スンマン》大統領と密接な親戚関係にあり、学校側はこの関係を利用してあらゆる手段を使って逆宣伝をしたのです。毎日のように驚くような偽りの情報が新聞に出るようになり、邪教、異端としての迫害が始まりました。この時期、あまりにも激しい非難に、信じられなくなって信仰を棄てた人も多かったのですが、どんなことがあってもついていく決意を固めた教会員も数多くいたのです。

「私は死んでも行く。身も心も主と共に行く」と、黄《ファン》煥《ファン》寀《チェ》先生がうたったこの歌は、苦難を越えて、真実に真の父母と共に生きようと私たちの心に呼びかけます。

聖歌13番

苦難と生命（A）

作詞　劉孝元

一　義人聖人聖徒ら　成せずに残す道
結ばる復帰業《わざ》　主は立ち呼び給う
すべての天使天軍　成されぬ御意《みこころ》
秘められしみ旨《むね》　主はたずね給う

二　世人《よびと》の姿で歩まれるわが主
行く道苦しも　いかでか拒むや
永遠《とわ》のエデンにましますわが主の
行かれし誉れ　我は喜ぶ

●韓国語歌詞

一　先知　先烈　数多き聖賢たちが
行かんとして行けずに残された道
絡みついた復帰の道　主は立ちて呼びたもう
天軍天使　数多き霊人たちが
成さんとして成せなかったみ旨
秘められていた摂理のみ旨
主は訪ねゆきたもう

三　主が行くその道　死の場も我は行く
恐れず雄々しく　立ちて我行く
行かんとするわれ　誰《たれ》が妨《さまた》ぐ
行くべきこの身を　誰が妨ぐ

四　縄にて縛《う》たれる身　引かれ行く姿
カメラフラッシュも裁きの日を告ぐ
ののしるユダ人《びと》　あざける祭司ら
避け得ぬこの道　我また行くのか

二　俗世の人の姿で罪人のように歩まれる身
歩まれる道は険しくとも
天国への道を拒められようか
おいでになる所はエデンなのか
牢獄ではなくエデンなのか
牢獄の暮らしも茨の道も　主に従って我は喜ぶ

三　主が行かれた道を我は行かん
死すとも我は行かん
一体を成した身ならば地獄といえども
我が行かぬことがあろうか
行かんとする心
このような我が行けぬことがあろうか
行かんとする身
このような我を誰が妨げられようか

四　一つの鎖につながれた身で引かれゆく姿
カメラフラッシュも審判の日を告げるのか
あざ笑うユダヤの役人　嘲弄する祭司長たち
ついに行かれた道へと我を送り出すのだなあ

聖歌13番

苦難と生命（B）

一　天使長のラッパの音《ね》
聞く者は誰《たれ》ぞや
東西光る稲妻《いなずま》　その影もいずこへ
日と月暗く　星は落ちゆく
墓場で生き人《ひと》　いずこに集まる

二　生かされた天地に
エルサレム新し
千歳《ちとせ》の摂理　回りみればエデン
涙ぬぐい　悲しみ過ぎ去り

父の栄光　来たる主いずこぞ

三　十字架で行かれた主は
十字架で来られる
死の道も地獄も　共に歩み喜ぶ
レバノンの栄え　永遠《とわ》に輝く
日出ずる東《あずま》　エホバのみ業《わざ》

四　起きて光を見よ
暗闇《くらやみ》は晴れゆく
一より万《よろず》となり　築いた都に
世界の子女が　抱《いだ》かれ歌う
白十字高く　ホザナと讃《たた》えよ

●韓国語歌詞

一　天使長のラッパの音を聞いた者は誰か
東西に光る稲妻を見た者もいなくなり
日と月の光が暗くなり星も行く所がない
墓から蘇った人はどこに集まっているのか

二　新しい天と新しい地の上にエルサレム新たなり
六千年の摂理歴史を巡ってきてみるとエデンなり
涙はぬぐわれ　ため息さえ止められる
父の栄光として来られた主はどこに

三　十字架で行かれた主が十字架で来られるとは
死の道も地獄の道も　すべて歩んでこそ出会う
レバノンの栄光の光が世々に輝く所
日が昇る東方の国は主の住む城である

四　起きよ光を見よ　暗闇は晴れ　小さき数が万を成し
高く築かれた城壁に向かい
列国の息子娘が抱かれて来て讃美する
十字架を高く掲げてホサナと叫ぶ

「いかなる迫害のまっただ中におきましても、神を忘れることなく、神を疑うことなく、神より生まれた以上は神によってなし、神によって生活することができますように……」。真のお父様のこの祈りは、まさに「神によらざるものは、すべてないという立場を保って」来られた道を感じさせます。この歌は「我は行く」と同じ時に作られたもので、お父様の歩みを語るとき、なくてはならない歌であり、当時を知る人々は胸を打ち、泣きつつうたうのです。

故・劉孝元《ユヒョウウォン》先生は初代の協会長であり、講師としての基準を立てられたかたです。梨花《イファ》女子大事件で共に投獄され、差し入れで読んでいた聖書の空白に、込み上げる心を小さくなった鉛筆で書き込んだのがこの詩です。この時期の中傷と罵倒に対して、お父様は何一つ弁明されず、じっと耐え忍ばれました。

検察庁に移されるとき、お父様と劉先生は一つの手錠に左右の手をつながれて、報道陣のカメラフラッシュにさらされ引かれていったのです。「すべてが明らかにされる裁きの日、その閃光があなたがた自身の罪を証《あか》すだろう」と四節にうたわれています。この苦難の日々の中で、劉先生は「主が行くその道、死の場もわれは行く」との固い決意

法廷に立たれる真のお父様（右端）

を詩としたのです。

判決は一九五五年十月四日でした。「お父様は絶対に無罪になる、と私たちは確信していました。それが言い渡される瞬間、歓声もあげたいしマンセイもいいたいですが、傍聴席で声をあげることは禁止されていますし、お父様にご迷惑をかけるかもしれないですね。でも何とかしてその勝利的瞬間を祝いたかったのです」と柳光烈先生が話しておられました。

三か月間を昼夜リレー祈祷で守ってきた教会員たちは、傍聴席で手をつなぎ合い息をのんで座っていました。「無罪！」。宣告の瞬間、声なき歓声を両手に込めて強く握り合った、というそのエピソードに、私たちはその場面を思い描き、胸の熱くなるのを覚えるのです。

聖歌14番

苦難のイエス

作詞・作曲　梁允永

一
ゲッセマネ園《その》の　イエスを見よや
ゲッセマネ園の　イエスを見よや
滴《した》り落つる血の汗見よや
十二弟子眠りペテロも眠る
イスカリユダ裏切り　イエスを渡す
痛まし痛まし罪ないイエス
窺《うかが》い見てた　弟子たちみな逃げ
イエスは独《ひと》り兵士に引かれて
布《ぬの》着て逃げ行くペテロの姿
無能で卑怯《ひきょう》なペテロの様よ

●韓国語歌詞

一
ゲッセマネの園のイエスを見てみよ
ゲッセマネの園のイエスを見てみよ
岩の上に落ちる血と汗の滴を見よ
十二弟子は眠り　三弟子も居眠りしている
イスカリオテのユダは口づけして
イエスをさし出す
哀れだ哀れ　無罪であられるイエス様
様子をうかがい　立っていた弟子たちは

躄《いざり》を歩かせ　盲《めしい》を開けた
荒海《あらうみ》渡った奇跡はいずこぞ

二

十字架を負いゆく　イエスを見よや
十字架を負いゆく　イエスを見よや
精魂《せいこん》尽き果てよろめき倒れ
牛追うごとく鞭《むち》打たれ行く
十二弟子いずこぞ　イエスは独り
代わりに負う弟子一人もあらぬや
この世に味方す人あるけれど
神の独り子代わるは誰《たれ》ぞ
悲しい悲し父の涙
無念だ無念だ父の思い
この世の友でも　道理を知るに
父の苦しみ分かつは誰ぞ

みな逃げていってしまった
イエスは独り、さも罪があるかのように
兵士の群れに引かれていった
毛布をかぶって逃げていくペテロの後ろ姿は
無能で卑怯だ
ペテロよ　足なえを歩かせ　盲人に光を与え
海の上を歩いた権能の力はどこに行ったのか

二

十字架を背負っていくイエスを見てみよ
十字架を背負っていくイエスを見てみよ
力なくつまずき倒れ　疲れ果てて倒れ
牛が追われていくようにむち打たれていく
十二弟子はどこに行き
イエス一人で引かれていく
愛する弟子の中で誰が代わりに背負うのか
自分の父母と自分の子女に味方する人間たちよ
神様のひとり子を助ける者は誰か
恨めしい　恨めしい神様の涙
憤まんやるかたない神様の心
この世の友でもこのようなことはできないだろう
神様には　この苦痛を分かち合う者がいなかった

三

十字架に架《か》かる　イエスを見よや
十字架に架かる　イエスを見よや
いかなる罪か独《ひと》り子イエス
羊のごとく汝《な》がため死ぬや
父も耐え得ず　顔背《そむ》ければ
わが父なぜに見捨て給うや
三年《みとせ》の十二弟子イエスに似られず
空《むな》しい空しい神の摂理
後悔立たずすでに遅し
再臨基台にいけにえ求め
二千年聖徒の　血は流された
三十億救いにいけにえならん

三

十字架に架けられたイエスを見てみよ
十字架に架けられたイエスを見てみよ
何の罪があったのか羊のようなイエス様
羊のようなイエス様
誰のために架かったのか
神様も見ることができずに顔をそむけられた
父よ　父よ　なぜ私をお見捨てになったのか

十二弟子の三年間はイエスの姿に
似ることができず虚しく　虚しい
神様の復帰摂理が過ぎてから悟っても、
時すでに遅し
再臨のイエスの基台のために
再び犠牲を要求され
二千年間　聖徒が血の祭物として倒れた
二十四億を救おうと牲畜の祭物になったのだ

一九五六年三月のある日でした。当時、梨花《イファ》女子大の音楽講師をしておられた梁允永《ヤンユニョン》女史に、早朝の家庭礼拝の際、急に深い霊的現象が現れ始めたのです。梁女史は長い間、朝と夕にお祈りする生活を続けておられたので、特に霊的な雰囲気が高まっていたのでしょう。

「まるで映画のスクリーンを見るように、イエス様がゲッセマネの園で祈られる場面から始まって、ゴルゴタの丘の十字架にかけられるまでの情景が、一つひとつはっきりと現れて見えたのです」

梁女史の胸は裂けそうに痛みました。奇跡の日の面影はなく、弟子たちは皆逃げ、今はたった一人で捕らえられ、追い立てられる家畜のように鞭打たれるイエス様。栄光の神のひとり子の無惨な苦しみに、無念の痛哭をなさる天の父の涙――。ついに十字架にかけられる場面に至ると、梁女史はどうしようもなく、胸を叩きながら気絶するほどの苦しみを感じました。

そのうち、イエスと十字架全体が突風にあったように力強くグルグルと回り始め、次第に例えようもなく美しい光の白玉に変わっていき、輝きながらパッと止まりました。

この黙示の間、梁女史の口からは幾度も、「ゲッセマネ園のイエスを見よや……」という、この歌の第一行が流れ続けたのです。イエスが白玉に変わる情景では「白玉のようなイエス、何の罪があったのか」という歌詞で、繰り返しうたわれました。

午前十時が過ぎても、梁女史の子供たちは学校にも行けず、断食状態でした。そのうち梁女史は「汝《なんじ》、エバの代表として十字架にかけられ、血を流すべし」という命令を受けたのです。

当時、以前の家庭部長で三十六家庭の金賛均《キムチャンギュン》氏が、大学生として教会活動をしながら、梁女史の家に下宿主のように住んでいました。それで、梁女史は金氏に「早く釘《くぎ》を買ってきて、私を部屋の寝床にでもいいから釘で打ちつけてください」と頼みました。

金氏は、釘を買うよりもまず、急いで真のお父様のところへ駆けつけ、「このような状態ですが、どうしたらいいでしょうか」と報告したのです。お父様は、すぐ霊能者の金在根《キムヂェグン》ハルモニを遣わして、その霊的な行動をやめるように指示されました。そのかたは当時、先生の大切な摂理のときにお祈りをしたりする代表的な霊能者でした。

こうして、その場の現象は鎮《しず》まったのですが、梁女史の目には、いつまでもイエスの苦難の場面が焼きついて離れず、耳には自分の口をついてうたわれた言葉と曲調がはっきりと聞こえてくるのです。寝ても覚めてもそうでした。そのような深い霊的な雰囲気が継続する中で、道を歩きながらでも、そのメロディーを中心にして創作しながら譜に書き留めたのです。それを二十日間続けて、この歌は完成しました。

約一か月後（一九五六年四月十七日）、復活節礼拝のため、ソウル郊外に集まったとき、「梁允永、歌をうたいなさい」とお父様から言われ、初めてその場でうたいました。聞く者も、うたう者も涙したのです。その後、復活祭には毎年うたうようになった由緒ある歌です。

聖歌16番

復帰の心情

作詞 李容熙　作曲 HUNG RYOL REE

一
神は創造業《わざ》果たそうと
復帰で尋ねし一筋の
心の辛《つら》さを誰《たれ》ぞ知る
長い歴史は神の声
地上に人は多けれど
神の御意《みこころ》誰ぞ知る

二
栄光誉《ほ》むべき創造主は
人の堕落を悲しみて
我らの美と愛求めだし
永遠《とわ》の栄光誉めまつれ
神の思いはかるべき
地に落つ涙は海と成す

三
神に秘めらる奥義は
天使のラッパで明かすれど
ノア時《どき》の如く皆笑い
暗い墓場で喜ぶや
天地に何が恐ろしも
裁きのその日をいかに耐えん

●韓国語歌詞

一
神様は創造目的を成し遂げようと
復帰によって求めようとする一つの中心のみ旨
その心の中のつらさを誰が知ろうか
悠久の歳月は神様の涙である
この地上に多くの人がいても
神様の心情を知る者はいない

二
栄光を享受しようとされた創造主は
人間の堕落によって悲しみとなった
私たちの美と愛を取り戻して
無窮の栄光をお返ししよう
神様のその心情を推しはかれるか
地に対する涙は川となった

三
神様の胸の中に隠されていた秘密を
天使長のラッパで証しても
ノアの時に背反したようにみなあざ笑い
暗い墓場で満足するのか
天の下で　その何が恐ろしいといって
審判の日のその刑罰を何と比べることができよう

四

信ぜよ早く信ずれば
父の御胸《みむね》に溢る愛
本然《もと》の故郷に帰れば
これより幸が他にありや
千歳《ちとせ》失う子女を得た
父の喜び永遠《とわ》にあり

四

信ぜよ　さあ早く信じさえすれば
お父様の玉座には温かき愛があり
本然の我が故郷に再び行ってみれば
それ以上の喜びがまたとあろうか
六千年失っていた子女を取り戻した
お父様の喜びも永遠だ

作詞者の李容熙《イヨンヒ》さんは七十二家庭の婦人です。この詩は、李容熙さんが十六歳ごろ初めて原理のみ言《ことば》に触れたときに知った、天の父の切々たる心情を書き表したものです。李さんの故郷の野牧《ヤモク》（京畿道華城郡《キョンギドファソングン》）で、伝道復興会が開かれたのは一九五五年、初秋でした。会場は車相淳《チャサンスン》牧師の営む教会です。車牧師はかつて平壌で文先生の弟子となりましたが、北朝鮮で別れ、再び南で文先生に出会って、既成教会の伝道師をしながら歩んできたかたです。

復興伝道師として、姜賢實《カンヒョンシル》女史、姜慶烈《カンギョンヨル》さんが来ました。姜賢實女史は南で初めて伝道され、最初の開拓伝道者として苦難の多い道を歩まれたかたです。このときの復興会で、李容熙さんは強い感動を受けました。

堕落した人間を救うために、神が長い長い歴史の路程を涙されながら来られたことを知ったのです。裏の山に登って悲しい天の父のみ意《こころ》を思うと、涙がとめどもなくこぼれ、深いお祈りをささげました。その後、このとき知った天の心情をうたった詩を書きたくなり、日記帳に三番までの詩を記しました。

李容熙さんは「母の心」という歌が好きで、いつもうたっていたので、作った詩をその曲に当てはめてうたうようになったのです（日本版の聖歌の譜は四段目のリズムが少し違います。これは初版からであり、日本語としてはこのほうがうたいやすく、すでに定着したうたい方になってしまっているので、編纂の際も改められませんでした）。

そのうちに年が明け、翌一九五六年の二月、姜賢實女史が李耀翰《イヨハン》牧師とともに二度目の復興会に来ました。最後の日の和動会のとき、李容煕さんの姉の李順煕《イスンヒ》さんが、妹の日記帳に書かれてあったこの歌詞を持参してうたったところ、「とてもよい歌だ。本部に報告するから歌詞を下さい」と、李牧師、姜女史から言われたそうです。

李容煕さんは歌詞を提出するにあたり、これでは十分でないと思ったそうです。その理由は、一、二番は神の悲しみとつらい心情をうたったものであり、三番は「神の胸の中に秘められた秘密、天使のラッパでもって証《あか》すけれども、ノアのときに裏切るのと同じように、（人々は）みなあざけり笑い、暗い墓の中でのみ満足しているのだ。天下に何が恐ろしいといっても、審判の日に下るその刑罰に比べることができようか」という審判の内容で終わっていたからです。

そのころ既成教会では「最後の日とは恐ろしい最後の審判である」と強調して終わっていたそうですが、彼女はどう考えても裁きで終わるのは神の願いではなく、み旨ではないと考えました。そこで、その夜のうちに、慰めといやしと奨励をうたった四番を作って報告したのです。

現在の韓国聖歌には、その後に作曲されたメロディーが載っています。

聖歌17番

誓い

作詞・作曲　梁允永

一　土より劣る身　汚れ果てしわれを
捨て給わず赦《ゆる》し
死より蘇《い》かし給う
いたわり育て　血の汗流して
説き給う御言《みことば》
今ぞ心に奉《たてまつ》る

二　知恵なく弱き身　御跡《みあと》慕いて行き
つまずき倒るれば
顧《かえり》み呼び給う

険《けわ》しき茨の
血に染みし主の道
われ今誓い行く
父のいますみ国に

三

眠りより覚めて　真《まこと》の御旨《みむね》知り
心ただ一つに
御旨の為に生き
御旨の為死なん
勝利の日来るまで
御旨受け戦う
共に戦い行かん

●韓国語歌詞

一

生まれながらにしてすでに死んだ身
一握りの土にさえ劣るものをお捨てにならず
罪悪の鎖を断ち切られたのち
死んだ私を生かされ　いたわり育て
血と汗を流して諭されたそのみ言を
私の心に刻みます

二

分別なく従ってきた身
足跡についていく身が疲れて倒れれば
私を顧みて呼び給う
はるか遠いあの茨の道　血に染まった険しいその道
私は誓いまいります　お父様の行かれるその所まで

三

深い眠りから覚めたこの身
真のみ旨を探し得た身が
一時としてどうして心安らかにいられよう
この心にはただ一片丹心
み旨のために私は生き　み旨のためにまた死なん
勝利の日が来るまで　み旨だけのために闘います

梁允永《ヤンユニョン》女史の傑作です。

「この歌はある決意の感動を中心として、一つひとつの言葉とメロディーとを丹念に探し、一か月ぐらいかかって作ったのです」。梁先生からこの歌の由来をお聞きしたときの言葉です。そしてその〝決意と感動〟の内容を知ることができたのは、一九七六年の訪韓のときでした。「この歌を真のお父様はとても誉めてくださり、『梁允永の一大力作（傑作）である』とおっしゃいましたよ」。聖歌の中に梁女史の作られたものは数多くあり、みな素晴らしい歌ばかりですが、これは生涯の傑作であると言われるほどに、お父様を感動させた歌だということです。

作り始めたのは一九五五年の末でした。その秋、お父様は南での受難を終えられ、嵐の中を耐えた食口たちは、奨忠洞《チャンチュンドン》の教会から青坡洞《チョンパドン》の新しい大きな教会に移転して先生をお迎えしたのです。

梁女史の家は奨忠洞の近くでしたから、それまで足しげく通い、いつも先生の近くにあって神の愛を存分に感じることのできる日々でした。しかし、青坡洞に移って距離が遠くなると、まるで倒れてしまいそうなつらい思いだったそうです。そのような心をな

1970年代、日本食口とともに。中央が梁允永女史

だめながら、み旨に対する信仰を強め、自らを鼓舞する気持ちで、この歌を作ったということです。

今にも消えそうな心霊の炎をかきたたせながら、主にひたすらすがる痛切な心情で、一言ずつ作ってはうたい、ひとしきり泣いてはまた作ってうたいながら、作り上げていった歌で、完成したのは一九五六年一月十五日でした。

その年のお父様のご聖誕日に、初めてうたわれました。梁女史は美しいソプラノで、どんなにか思いを込めてうたったことでしょう。一九六一年、聖歌に編入されて今日に至っています。

聖歌27番

栄光の日

作詞・作曲　梁允永

一　静かな闇《やみ》に妙《たえ》なる声で
眠り覚ます御言《みことば》
※（くりかえし）
栄光　栄光　栄光の主
迎えん　迎えん　迎えん
心尽くして
我らは一つに美と愛交わし合おう
約された祝いの日　いよよ近し

二　暁《あかつき》晴れて我は目覚め
強く宣《の》べ伝えん善き言葉《よ》
※

三　新し朝明けた聖なる子女よ
足並みそろえ　とく集え
※

●韓国語歌詞

一　静かな夜中に奇妙な声で
眠っていた霊を起こして知らせる言葉
※（くりかえし）
栄光　栄光　栄光の主
侍り　侍り　侍って私の精誠をすべて捧げ
私たちは一つになって美と愛を与え合う
約束された祝福は遠からず訪れるだろう

二　夜が明け　あなたの魂を呼び覚まし
力強く伝えよう　この喜びの知らせ
※

三　新しい朝が明けた　聖なる子女たち
足を競って素早く集まりなさい
※

梁允永《ヤンユニョン》女史の作品です。一九五七年十二月のある日、夢の中で美しく勇壮な音楽が聞こえてきました。すると、とても声のよい男性が出てきて、その音楽に合わせて朗々とうたい始めたのです。魂にしみわたるようなよい歌でした。梁女史は目覚めてからその歌を楽譜にしようとしました。ところが思い出せそうなのに、どうしても思い出せません。最初の二小節をかろうじて思い出しただけでした。その曲の雰囲気は分かっていたので、その二小節を創作のよりどころとしながら、手さぐりするように考えて作ったのです。夢の曲とは多少違うものの、それに近いものができたということでした。

このころは、夢で音楽を聞くことが多かったらしく、いつもまくら元に五線紙をおいて休んだそうです。けれども、「いざ音楽が聞こえてくると、うっとりと陶酔してしまって目覚めるのがいやになり、起きて楽譜にすることができなかった」ということです。すぐに思い出そうとすれば何曲か残ったのでしょうが、残念なことに今は一つも覚えていないそうです。

梁女史は義と信仰に篤い家系のかたで、伯父さんは国民的にたたえられる三十三人の独立運動家の一人でした。梁女史は日本の音楽大学に留学して、九段会館（旧軍人会館）で発表会を開いたこともあるそうです。み言を聞いて神のみ旨を知ってからは、文字どおりすべてをささげて歩みました。家を教会にし、貯金を下ろして教会に集う人に食事を整えました。毎日が主の愛と兄弟愛に満ちあふれ、天国を実感したということです。

当時、末の娘さんが三歳で、お父様はよく抱っこして遊んでくださったそうです。「先生は『ここにキスしてごらん』と、手を娘の頭の上に出されるんです。娘は喜んで、ちょっと飛び上がってキスするでしょう。『こんどはここ』と、だんだん上にあげていかれるのです。最後は飛んでも飛んでもキスできなくて、娘は悔しがって泣くんですよ。そばで見ていると、思わず笑顔になってしまう光景でした」。梁女史の話に、家庭的で心温まる昔の教会がしのばれます。

聖歌28番

わが身の十字架

作詞　柳光烈　　作曲　金斗琓

一　わが身の十字架を　誰《たれ》に担《にな》わさん
主はこの道を先駆けしを
賜《たまわ》りし御旨《みむね》果たせずして
千歳《ちとせ》の歴史は血と涙
※（くりかえし）
十字架背負いて我は行かん
ゴルゴタかなたに勝利が歌う

二　身に過ぎし重荷　負わすべきや
強く歩まば我は着かん
御旨に捧《ささ》げしこの身なれば
などてためろうや生命《いのち》の道
※

三　御旨成すが為　耐え来し父
子もまた共に戦わんや
成さずば苦労も無に等しく
戦い勝てば永遠《とわ》の幸を
※

◎韓国語歌詞

一　私の身に背負われた十字架を誰に負わせようか
私より先に主が背負われたものではないか
背負えと下さった荷を担えきれずに
延長された摂理歴史は血のにじむ六千年
※（くりかえし）
十字架を背負って行かなければならない
ゴルゴタの向こうで勝利が呼んでいる

二　はじめから背負えぬ十字架を負わせるはずがあろうか
力を尽くして　尽くして歩めば　終わりが訪れる
み旨に捧げたこの我が身なら
できないことがあろうか
命を懸けて進み出た道に妨げになるものはない
※

三　お父様はそのみ旨を成そうと耐えてこられた
息子も　娘も　みな共に闘えば成されるだろう
成せぬ苦労は山ほどあっても虚しく
命を懸けて闘い勝てば　永遠の福を得るだろう
※

作詞者の柳光烈《ユグァンヨル》先生は詩人で、韓国統一教会の文化部長を長年務めたかたです。金斗琓氏は既成教会の有名な作曲家で、その弟子を通じて作曲を依頼することができたのです。

一九五九年八月二十八日の朝、柳先生はたとえようもなく神が慕わしく、心情的に近く感じられ、熱い感慨が胸にあふれて「お父様に何か申し上げたい。何か書きたい」という思いがしたそうです。その思いを書き留めようとして紙に向かうと、言葉が後から後からわきだしてくるので、感動しつつ泣きながら書いたのがこの詩なのです。

朝食を持って来られても、「ちょっと待って、あとで」と言って書いていたそうですから、食事をする気にもなれなかったのでしょう。そのとき胸に込み上げるものは「最後まで行かなければならない。いくら教会にいたとしても、最後まで行かなければ何にもならない」という思いだったのです。そのころを思い出しながら、柳先生は次のように語っています。

「これは長年、み旨の経験を積んだ人ならだれでも、わが気持ちとして実感できるでしょう。いくら手柄を立てても、いくら苦労をした実績があっても、最後まで行かなければ何の意味もないということになる、そんな気持ちを強く表した詩です。だから、長年歩んできた人を、また、さらにさらに前へと激励する内容の歌です。迫害や、風当たりの強い時代であり、お父様も非常に気をつけながら兄弟を育てていかれた苦しいときでした。

私たちは果てのない道をいつまでも歩くような気持ちが、いくらかあるのです。でも、結局は必ず終わりがくるのです。力を尽くして歩めば、必ず成就する日がきます。歩きつくしたとき、行き着くのです」

一九六七年、お父様は日本における幹部修練会で、「私は多くの人に投げ出された。数多くの素晴らしい男性や女性が、最後は先生を捨てていった。見物するためじゃない。闘いのまっただ中に、だれにも負けない責任を持って闘った者たちだ」と語っておられます。

この歌をうたうと、私たちの胸には祈りが湧き上がります。「愛なる神よ。あなたが私たちに、担いきれない十字架を負わせるはずがありません」と。

「……神は真実である。あなたがたを耐えられないような試練に会わせることはないばかりか、試練と同時に、それに耐えられるように、のがれる道も備えて下さるのである」（コリントI一〇・13）

聖歌29番

宴のとき

作詞・作曲　梁允永

一
新エデンの園《その》に　蒔《ま》かれし生命《いのち》よ
芽生え　今育ち咲き誇り装いぬ
父なる神よ　聖《きよ》きこの日を
祝しませ愛の絆《きずな》を
ハレルヤ栄《は》えある日

二
緑の野辺《のべ》に　美《うるわ》しき花よ
生命《いのち》を注がれ春の野舞い踊り
御使《み》い諸人《もろびと》　誉《ほ》めよこの日を
祝しませ愛の交わりを

ハレルヤ栄えある日

三
御前《み》に立ちて　誓いし汝《な》が身
変わらぬ愛もて仕え侍《はべ》らなん
わが主よわが神　この妹《いも》と背《せ》を
祝しませ愛のむしろを
ハレルヤ栄えある日

四
御恵《み》みあふるる　永生《えいせい》の朝
天地《あめつち》よ囲め真の父母《ちちはは》を
歌えやこぞりて主の愛の香《か》を
永久《とこしえ》の春は来たれり
ハレルヤ栄えある日

●韓国語歌詞

一
空には白い雲がむくむくと漂い
地上には小さな芽が青々と芽生え出て
山鳥たちが集まって春の光明を歌う
あー　あー　神秘な創造の力
チチべべと歌うよ

二
園にはつつじの花が赤く咲き
麗しい少年少女が手を振って喜び
小川の水もちょろちょろと流れて
昔のことをささやくよ
あー　あー　巡り巡る自然の力
とこしえによく巡っていくよ

三
新エデンの花の宴で華麗に装い
真の父母様に侍る子女が一つの場所で円座し
新しい朝　新しい希望　愛を賛美するよ
あー　あー　お父様の愛の力が
ふわふわと巡っていくよ

原題を「愛の春の園」と言い、作詞・作曲とも梁允永《ヤンユニョン》女史がされたものです。初め、この曲は聖歌9番「朝日に輝く（原題は「原理勇士歌」）」のために作曲されました。真のお父様は曲をお聞きになって、「この曲は愛らしい感じがする。少年少女向きの曲だ」とおっしゃられ、聖歌9番には使われませんでした。

それで、曲自体はいいものであり、梁女史は気に入っておられたので、今度はこの曲に合わせて歌詞を作られたのです。これが「宴のとき」という素晴らしい聖歌として実りました。

お父様のお言葉にヒントを受け、未来の希望に胸をふくらませる少年少女たちをイメージしながら歌詞を作っていかれました。「そのとき、お父様も一緒に考えてくださいました。作っては歌い、歌っては直していった楽しさは忘れられません。とても思い出深い歌です」と、笑顔で懐かしそうに話しておられました。

特に、一番の最後の部分は、「そこにチチベベと鳥の鳴き声を入れたらどうか」とお父様がおっしゃって、そのとおりにされたということです。日本では、スズメはチュンチュン、ウグイスはホーホケキョと表現されますが、韓国では小鳥が愛らしくさえずる様子を「チチべべと歌う」と表現するのだそうです。

一九六〇年、真の父母様ご聖婚の際、この歌を合唱して捧げました。それ以来、三十六組、七十二組、百二十四組の祝福までは、毎回合唱隊によってうたわれ、四百三十組、七百七十七組、千八百組の祝福のときはブラスバンドで、新郎新婦の入場のときに演奏されました。

日本で初めて久保木修己会長（当時）ご夫妻が、祝福の恵みを受けられた一九六八年二月の四百三十組の祝福のとき、感謝を込めてこの聖歌の訳を公募しました。神山裕子さんの訳に決定し、桜井節子さんが少し手直しされ、久保木会長によって「宴のとき」と名づけられました。こうして日本においても、祝福の種が蒔《ま》かれた恵みと感謝の記念として、この聖歌がうたわれるようになったのです。

聖歌30番

とり戻した栄光

作詞・作曲　梁允永

一　わが愛の父よ　歴史をひもとき
積もる恨《うら》みをば　今日解き放ち給う
アダムの罪も　ハムの過《あやま》ちも
主イエスに背《そむ》きしも　すべて洗い清めぬ

二　わが愛の父よ　我らを見捨てず
贖《あが》ないの道を永遠《とわ》に開き給う
奪われし家庭　今ぞ再び
父母様によりて　成りしその嬉《うれ》しさよ

●韓国語歌詞

一　おお私の愛のお父様　歴史の秘密を解かれ
六千年の怨恨を一日で
すべて解いてしまわれた
アダムとエバが犯した罪も
ハムの失敗した罪も
イエス様を信じなかった罪も
根を抜いてしまわれた

三

わが愛の父よ　尽きぬ御言《みことば》と
愛の御手《みて》もて　今ぞ御業《みわざ》成しぬ
病みしイスラエル背きしみ民
新たなる聖徒ら　永遠に贖いたもう

※（くりかえし）
あー　大いなる栄光をほめたたえよう
永遠に　永遠に　永遠にほめたたえ
ハレルヤ　ハレルヤ　ハレルヤ　アーメン

二

ああ私の愛のお父様
堕落の子孫であってもお捨てにならず
再創造の道を開かれ
失ってしまった四位基台
真の父母様を迎えて
再創造の目的が成されるので
宇宙に喜びがいっぱいに満ちている
※

三

おお私の愛のお父様
無窮であられる真理と愛の強い力で
再創造の目的が成し遂げられた
失ってしまった第一イスラエル
奪われた第二イスラエル
探し出せなかった第三イスラエル
一度にとり戻して一つにされた
※

この歌は、一九六一年五月十三日に作られました。二日後の五月十五日は、歴史的な三十六組（そのうちの三十三組）の祝福結婚式でした。人類の代表として、旧約・新約・成約の各時代を担当する十二組が三十六家庭ですので、とても重要な使命をもったかたがたなのです。

天的な価値ある行事は、多くの困難や障害を伴うものです。まして人類の代表を立てる場であれば、その困難は想像を絶することでしょう。しかし同時に、そこは天の父の限りない喜びの場でもあります。

その祝いの日のために、梁允永女史はこの歌を作られたのです。

「この曲はとても短い時間で作りました。三十分くらいでしたね。心がいっぱいでしたから早くできました。一段、曲を作っては、一段、歌詞をつける、というようにできていきました。涙があふれ出て、滝のように流れたのです。お父様の半生――悲劇の歴史を再び復帰するため、たくさんの苦難を越えてこられた、そのご半生が思われて、泣きながら作りました」

祝福の式場では、ソロでうたったそうです。激しい内的戦場を越えて立ったその場に、

33組祝福結婚式（1961.5.15）

この歌はどれほどの感動と慰労を与えたことでしょう。

原曲にはソプラノの独唱の部分が十二小節ついています。日本版聖歌では割愛されています。

聖歌32番

帰れわが子よ

作詞　朴在奉　作曲　朴在勲

一
帰れわが子よ　とく帰れよや
汝《な》が罪深く　いかに重くも
主はすべて赦《ゆる》し　受け入れ給う
主の御《み》心は限りなく広し

二
帰れわが子よ　とく帰れよや
わが主は日ごと　尋ね求めて
夜ごと戸を開き　心痛めつ
去りし愛《いと》し子を　待ち望み給う

三

帰れわが子よ　とく帰れよや
鞭《むち》打たれてもわが主の御《み》手に
打ちし後いたわり　慰め給う
主の懐《ふところ》にとく帰り来たれ

これは朴在奉《パクチェボン》、朴在勲《パクチェフン》兄弟によって作られた既成讃美歌です。両氏は韓国にキリスト教を復興するため、よく集会などを開きました。「帰れわが子よ」のほかに作った讃美歌も数多くありますが、「これが一番好きな歌だ」と言っていたそうです。作られた年代ははっきりしませんが、彼らの若い活動時期に作られたこの歌は、何十年か以前のものと思われます。

日本語訳は、しみじみとした味わいがよく出ていて、修練会などで涙とともにうたわれてきた思い出のあるものです。韓国語の歌詞は実に率直に、神（主）と人間が親子であるという実感を込めて語りかけます。

ここでは文章形式にして紹介しましょう。

「早く帰ってきなさい、早く帰ってきなさい。あなたの犯した罪がいかに重く、また大きくとも、それを担えない主ではなく、それを受け入れられない神ではありません。主の思いは空よりも広いのですから……。

主は毎日待っていらっしゃいます。夜ごとに主は門を開けておいて、今か今かと心焦りながら、出ていった息子が帰ってくるのを一晩中待っておられるのです。たとえ苦しみがあっても、それはわが主のみ手による愛のむちなのです。打ってからなだめて慰めてくださる、主の限りない愛のふところ……その主の胸こそ、私たちの帰るべきふるさとです。さあ、早く帰っておいで、わが子よ」

ここに表されているのは、人間の罪を怒って遠く立たれる神の姿ではありません。すべてを赦《ゆる》し、忘れて、人間を抱こうとされる親が神であると訴えています。私たちは、神にふさわしくない自分であると思い悩んで、自ら隔たりをつくってしまいます。そんな私たちにとって、これは何という慰めと励ましでしょうか。

ルカによる福音書の放蕩息子の例えでは、「本心に立ちかえった」（一五章）という表現をしています。あるがままの自分……ひねくれも、もつれも捨てた素直な心には、静かな勇気がわいてきます。そういう心になると不思議に自分はどの道をたどり、何をすべきかが見えてきます。

主よ、私たちのかたくなな心を溶かして、本心に立ち返る勇気をお与えください。

聖歌33番

わが仔羊

作詞　朴在奉　作曲　朴在勲

一　わが羊よ　寂しい野原に
悩み倒るる弱き日にも
汝《な》が傷　癒《いや》す者もなく
愛と真実の言葉なしや

二　わが羊よ　汝が罪のために
十字架背負いて先駆け行く
真の牧者に従え
いさおなく弱き汝が身なれば

三　わが羊よ　飢え渇くときに
身も魂も彼を受けよ
天《あめ》なる力　身にあふれ
尽きせぬ喜び永遠《とわ》にあり

四　わが羊よ　心踊らせて
力限りに主を讃《たた》えよ
世界の諸人愛せよ
おお　わが仔羊《こひつじ》　わが羊よ

●韓国語歌詞

一　わが仔羊よ　どれほど寂しかっただろうか
かつてお前が病に倒れ　死に瀕しても
希望を与えた者はいなかった
愛で真の生命を与える者はいなかった

二　わが仔羊よ　お前の牧者は先駆けて行かれた
お前のために血を流した真の牧者ゆえに
すべての心でその御跡に力を尽くして従え
たとえ体は立ち上がることができずとも

三　わが仔羊よ　飢え乾くときに
お前の牧者のまぐさを食べ　水を飲め
お前の霊魂の生命が満たされ
弱き体が力を得て蘇る

四　わが仔羊よ　その時に心ゆくまで躍りながら
お前は力強く主を賛美しなさい
全世界の人を愛しなさい
おお　仔羊よ　仔羊よ　わが仔羊よ

この歌は、やや古い韓国の讃美歌です。復興伝道牧師として功労のあった、朴在奉、朴在勲の兄弟によって作られ、数十年前には伝道集会などで盛んにうたわれたようです。しみじみと心に呼びかける、神の招きの歌といえるでしょう。歌詞の奥に、力強く語りかけてこられる、主の御声《みこえ》があります。

「わが羊、わが子よ。いつでも、わたしはあなたのそばにいた。けれど、苦しみ倒れたあなたは、絶望の傷をいやすわたしの手を知らず、愛のことばにも気づかなかった。あなたは、なぜわたしを呼ばないのか。なぜわたしに呼び求めないのか。あなたは一人ではないのだ。さあ、わたしの愛のうちにいなさい！」と……。

人生の苦悩の野原。死のかげの谷とはこれかと思う、苦しい経験をした方は多いでしょう。耐えきれずに、自殺する人は後を絶ちません。濃霧に包まれて、自分の苦しみしか見えない日々は、時には霊界まで何百年もつづく暗闇《くらやみ》の世界です。

私が聖歌指導の現場にいたとき、ある七日研修を担当しました。この聖歌を説明して歌っているとき、一人の青年が、静かに泣いているのに気づきました。大粒の涙が光ってしたたり落ち、ワイシャツの胸を濡らしていきます。なにかを噛みしめるように彼は泣きつづけていました。

研修の終わる日に話す機会があり、淡々とした口調で、彼は自分の半生を語ってくれました。家庭問題と自分の生き方とに苦しみ、幾度か神を求めようとしたそうです。悶々《もんもん》としているうちに、ある出来事によって立ち直れない打撃をうけ、死ぬ決心をしました。けれど、二回も病院にかつぎこまれて、蘇生《そせい》したのです。三回めに今度こそと思って飲んだ薬の量が多すぎたのか、無意識のうちに吐いてしまったということです。

「それは、人に見つからないようにと選んだ堤防の下でした。月も見えない雲った夜、苦しさに胸をかきむしりながら、生きている自分に気づいたとき……あれは僕の人生のなかで、いちばん悲惨な暗いときでした。死ねない、しかし生きる意味も喜びもない孤独地獄でした。聖歌の時間、僕はあの夜を思い出していたのです。あの絶望の暗い夜。吐き続け、ころがって号泣していたあのときでさえ、キリストが僕のそばにいたのか。僕はその方と、これから共に生きていけるのか、と」

聖地の石を見つめて語る彼を通して私もまた、主の声を聞いたひとときでした。

聖歌34番

主はわがすべて

作者不詳

一
主はわが喜び　わがすべて
主は苦難《くなん》の日の癒《い》やし主
主は牧者　わが岩
主はわが喜び　わがすべて

二
主はわが生命《いのち》ぞ　わがすべて
主は試練の日の強き盾《たて》
主は望み　わが愛
主はわが喜び　わがすべて

三　主はわが理想ぞ　わがすべて
主は永世《とこよ》にます生ける神
主は生命　わが栄え
主はわが喜び　わがすべて

●韓国語歌詞

一　主は私の満足であり　私のすべてだ
主は苦難に会うときの私の慰労であり
主は私の牧者　救い主
主は私の満足であり　私のすべてだ

二　主は私の生命であり　私のすべてだ
主は試みに会うときも私の盾であり
主は愛　私の願い
主は私の生命であり　私のすべてだ

三　主は私の理想であり　私のすべてだ
主は永遠無窮にいらっしゃる主であり
主は喜び、私の泉の水
主は私の理想であり　私のすべてだ

この歌は、一九五〇年代に韓国で愛唱され、聖歌に取り入れられたものです。紹介してくれたのは、宣教師として韓国に来ていたマーケイブという牧師でした。マーケイブ牧師は統一教会と親しく交流し、愛唱していた聖歌を教えてくれ、それが霊的に力強いものだったので、何曲かを一九五六年の聖歌初版に入れました。作詩・作曲者については不明で調べる手段もありませんが、この歌が初期の教会で愛唱された理由は、うたっていくとよく分かる気がします。

おそらくマーケイブ牧師の教会は、復興伝道集会などを熱烈に行う教団に属していたのではないかと思います。この歌は実に素朴で、信仰を吐露するためにうたわずにいられない感じを受けます。

シンプルな歌詞で繰り返しが多い歌というのは、魂を砕き、涙の悔い改めと救いの確信をもたらす聖霊が滝のように注ぐ伝道集会などでうたい継がれてきたものが多いのです。

歌詞は、旧約・新約を通して讃美の情感の原点となった「詩篇」からのことばです。

「わが力なる主よ、わたしはあなたを愛します。主はわが岩、わが城、わたしを救う者」（一八・1～2）とダビデは歌いました。命をねらうサウルの手から、神の導きによって救いだされたときの歌です。「主はわたしの光、わたしの救《すくい》だ、わたしはだれを恐れよう」（二七・1）。詩篇の力強い神への信頼、喜びは私たちこそが受け継ぐべきものです。

「主はわたしのすべてだ」。神とともに歩んだ人々は、熱情をこめてそう告白しました。今、私たちはさらに深い愛をこめて、この言葉を使わなければならないと思います。祈りの中だけではなく、心だけの世界でもなく、衣食住にわたる全生活に、生ける主をお迎えすることを私たちは学んでいるのです。

私は一人の姉妹をよく思い出します。教育部として修練会を担当していたころ、イエス様の苦難の生涯が切々と語られた日のことです。夕食のテーブルを班ごとに囲み、和やかな食事が始まったとき、はしを手に持ってポロポロッと涙をこぼした女性がいました。一口食べたきり、湯気の立ちのぼる料理を、彼女はのどが詰まるような顔をして眺めているのです。「どうしたの？」と聞くと、「こんなおいしい食事を、イエス様は食べたことがあったかしらと思ったんです。これをイエス様に食べてもらいたいと、ふっと思ったら胸がいっぱいになって」と、小さな声で涙ぐみながら答えてくれたのです。

神と共に生活する。私は彼女がだれからも教えられずに、それを始めていることに感動しました。

いま真の父母様をお迎えした私たちは、まさに生活のまっただ中で「主はわがすべて」とうたいきる恩恵を許されています。高らかにこの歌を讃美していきましょう。

聖歌38番

生命の泉のほとり

作者不詳

一
わがなつかしの故郷《ふるさと》カナン
おろせ汝《な》が重き荷を
罪の世出でし心やすく
いざ主の待ちし国へ
※（くりかえし）
我は生《い》く永遠《とわ》に生く
かの地泉に行《ゆ》く
我は生く永遠に生く
泉のほとりに

二　火と雲　柱で導き給う
行く道　備わりたり
はやヨルダン川を渡りなば
目指す御国《み》ぞ近し
※

三　渇きし生命《いのち》に救いのマナ
降らせし愛の奇跡
わが内なる力湧《わ》き立ちて
御《み》名を讃《たた》えて進まん
※

●韓国語歌詞

一　私はカナン福地の貴い城に入っていこうと
私の重い荷物を降ろしてしまった
罪の中で再びさまようことは全くなく
あの生命の小川のほとりで生きるよ
永遠に生きるよ　私は永遠に生きるよ

二　その火と雲の柱で導かれるので
私の行く道が泰平だ
そのヨルダン川を今私が渡ったのちには
あの生命の小川のほとりで生きるよ
永遠に生きるよ　私は永遠に生きるよ

三　私の飢えた霊魂をマナで育ててくださるので
その糧が私の力になるよ
私はこれからもう食べる糧がなくても
あの生命の小川のほとりで生きるよ
永遠に生きるよ　私は永遠に生きるよ

韓国の古い讃美歌のひとつで、作者・年代などは不詳です。愛されて既成教会でもよくうたわれてきたものだということです。「信仰の望みを蘇えらせてくれるような懐しい歌である」という感想をよく聞きます。私たちのめざす地、ふるさとを慕う歌だからでしょうか。

「幼子のように主にすがってカナンに連れていってほしいと願うような気持ちでうたう歌ですよ」と、昔、三十六家庭の先生がしてくださった説明を思い出しつつ、歌詞を文章に直してみましょう。

一　私は、めぐみの福地カナンに入るために、すべての重荷を捨てました。これからは決して、暗い罪の中をさまようことなく、あの永遠に生命の水が湧きあがる泉のほとりに住みたいのです。

生きたいのです。住みたいのです。慕わしい主よ！　生命の泉であるあなたのそばで……。連れていってください、連れていってください、私をどうかみそば近く住まわせてください。

二　主は、イスラエルの民にされたと同じように、私を火の柱と雲の柱で導いてくださいます。私の行く道はいつもあきらかに示されるので、すべての恐れと迷いを主にゆだねて歩むのです。いまヨルダン川を渡ります——ヨルダンの流れはせき止められて後ろに退き、私はかわいた地を渡ります——ハレルヤ！　カナンはもう間近です。ああ、生命の泉なる慕わしい主よ、あなたのそばで永遠に生きたいのです。私をどうかそこに連れていってください。

三　渇き、飢えきっていた私の魂を、あなたは豊かにマナを降らせて養ってくださいました。天からのその食糧は、私の内なる力の源となり、私は満ち足りて感謝と希望にあふれています。たとえこののち、再び恵みの糧が与えられなくても、私は必ず御国《み》にたどりつき、そこを耕すでしょう。

生命の泉が尽きることなく湧くあなたのそばで、私は生きたいのです。永遠に共に住みたいのです。私の愛も命も、すべての望みも、あなたのもとにあるのですから——。

日本でもわずかな兄弟しかいなかった苦しい時代、久保木会長が西川先生の礼拝の司会をなさる時、よくこの歌を選ばれたと、先輩から話をきいたことがあります。「おろせ汝が重き荷を」という歌詞のあたりから、会長はだんだん『聖歌』で顔をかくしてしまわれ、横からそっと見ると鼻をまっかにして泣いておられたとか。当時の御苦労がしのばれるエピソードです。

〝会いたい、見たい、住みたいという心がいつもわきあがるのが本然の世界の愛である〟という意味のみ言《ことば》がありますが、この歌はそのような心情をよびおこしてくれます。「生く」と「行く」は、ちょっとややこしいので、以前から「生《い》く」「行《ゆ》く」とうたいわけています。それは英緒の「live」にあたる言葉で、「住む、生きる」というような意味だそうです。

聖歌39番

園の歌

南方民謡

一
主は己《おの》が園に来たる　その香り満ちて
百合《ゆり》が咲き乱る　百合がほほえむ
恵みのにわか雨　主が降らせ給えば
死人また蘇《い》く　死人また蘇く

二
渇きあるこの地に　清き泉流れ
良き地となる　良き地となる
君は仇《あだ》を打ち　この世花園に
御《み》国となる　御国となる

三
主を信ずる者よ　この御言《みことば》受け
君に続け　君に続け
今の試練苦労も　後《あと》の栄《さか》えなり
エデンに帰れ　エデンに帰れ

●韓国語歌詞

一
主が自分の園に来られ
その良い香りが（大地を）揺るがし
百合の花が咲きにぎわう
百合の花が咲きにぎわう
神聖な恩恵のにわか雨を
主が降らせてくださったので
死んだ者が再び生きる　死んだ者が再び生きる

二
干上がってやせたこの地に
新鮮な泉の水をあてがってくださると
沃土になった　沃土になった
主が怨讐に打ち勝つと
この世の中が花園になり
一つの国ができた　一つの国ができた

三
主を信じる兄弟姉妹よ
この福あるみ言を聞けよ
王のあとに従おう　王のあとに従おう
ここでの試練と苦痛が　あそこで福になる
本郷に至れば　本郷に至れば

この歌は、統一教会の歴史に欠くことのできない歌の一つです。「昔、異端として激しい迫害が始まったころ、既成教会では信徒を見分けるのに、この歌をうたうかどうか見たほどです。これは、もともとは讃美歌であるのに。そのくらい私たちの歌として愛唱されたということです」と、柳光烈《ユグァンヨル》先生が話しています。

うたわれるようになったきっかけは、一九五四年四月のある日、梨花女子大学音楽講師であった梁允永《ヤンユニョン》女史が大学のピアノに向かって、讃美歌の本をぱらぱらとめくりながら弾いたり、うたったりしているときのことです。

何気なくめくったページの歌詞が、強く梁女史の目に飛び込んできました。それは『良き歌』という本で、讃美歌にもれた佳曲を収録したものでした。有名な監理教会（メソジスト）の発行で、安信永《アンシニョン》氏が編纂したようです。

梁女史は胸を躍らせてメロディーを弾き、うたってみました。「ああ、これはまさに私たちのために用意された歌ではないか」と、うたい進むにつれて梁女史は涙をおさえることができず、とうとう慟哭《どうこく》してしまったということです。（このときの速度は、今のように速くはなかったようです）

一体このような霊的に高い歌を、だれが作ったのだろうかと作者名を見ても、そこには簡単にサザンフォーク（南方民謡）と記されているだけでした。

急いで教会に行き、「このような素晴らしい歌を見つけました」と紹介すると、真のお父様も大変感動され、皆で何度もうたいました。繰り返しうたううちに全員が泣きだし、深い感動に包まれてしまったのです。

柳先生は当時を回想して、次のように語っています。

「そのころ、どんなにこの歌をうたったことか。うたいながらイエス様のことを思いました。あんなに迫害され槍で突かれ十字架にまでかけられていった、その悲惨な生涯……。このような摂理の責任を担って、悪い時代に現れただけに、苦しみの打ち続く生涯をおくられて、その最後もあのような十字架であったと考えると、イエス様がかわいそうで胸が苦しくなって、とても泣いたのです。

それはもう、声をはりあげて泣くだけ泣き、また長い間かかって納まって自然と涙がひく。それでもまだうたっていました。火をつけてから燃え上がって焼き尽くし、鎮まって灰しか残らない。その間中、うたっていました。何回繰り返しでうたったか分からないほどです」

お父様が、この歌の説明をしてくださったのは一九六七年七月、名古屋教会においてでした。お話の合間に「一曲うたいましょう」と言われ、皆で「園の歌」をうたいました。その時「じゃあ、ちょっと説明しようね」とおっしゃって、次のように説明してくださったのです。

「一番は、サタンの園から神のみ旨にかなう園になって、主が来られた。その主の香りが満ち、それに対応してゆりの花は、六千年待ち焦がれた主がいらっしゃるからほほえむ。美しく咲く。ゆりは新婦を象徴する。三方の風が吹き寄せても一方にしか匂わない。方向性を持った香りを表す花だ。ゆりの花を見たら、特に女の子たちは『あなたのようになりたい』と祈るんだよ。恵みのにわか雨、主が降らせたまえば、死んだ心情がまたよみがえって、見る世界、聞く世界、皆命ある、新たなものとなる。

二番は、この渇きし地上に清い泉があふれて清める。私たちの体と心はウジがわき、ハエがたかり、むずむずするほど嫌なものだ。それらが清められ、よき地となり、六千年待ちに待った仇を討ち、サタンをやっつけ、この世は花園、神のみ国となる。それは最高の願いの世界だよ。

三番は、十字架の蕩減を逆に戻って、撤廃しなければならない。主は十字架によって

名古屋教会での真のお父様（1967. 7. 8）

来られる。イエス様は赤い血の十字架で、再臨主は白い十字架で現れるというんだね。その蕩滅がなくなったので、万民は天国に入る。天国をつくるのは私たちである。そうするには、今までなされた苦労よりも、もっと苦労しなければならない。しかし、それは本当に勝利していくためだ。

昔の苦労は流れてしまう苦労だ。蕩滅のためにした苦労である。成約の苦労はすべて実る。後の栄光となるものである。このよき時を迎えて、天国再建のみ旨を受けて、いざ、君に続け！　そういう意味だね」

私は夢中で書き留めました。それがお父様から受けた最初の「聖歌指導」であり、この時私の中に、聖歌の意味や歴史を伝えたいという一つの使命感が生まれました。私にとっては忘れられない瞬間です。

もう一つ、この歌には霊的役事をされる金信旭《キムシヌク》先生（二〇〇四年昇華）の興味深い証があります。

金信旭先生は力ある霊能者で、信念と信仰に満ちたかたです。統一教会に来る前のある日、金先生は霊界に入り、天使に導かれて、黙示録に記されている生命の川のほとりを通りました。さらに行くと、とても素晴らしい館がありました。そこに入ると、薄い白い美しい衣をつけた美しい青年男女がいて、美しい歌が流れていました。それは例えようもない素晴らしい響きで、あまりの心地よさに陶酔してしまい、調べに合わせて天使たちと踊ったそうです。

その歌は神から与えられた歌として、大切に覚えていて、思い出してはうたっていました。

それから、間もなく啓示があって、普通なら三十分で歩ける所を三時間かからなければ歩けないような霊的闘いをしながら、やっとソウルの本部教会にたどりつきました。ちょうど礼拝中で、座っている青年男女は皆質素な身なりをしていましたが、霊眼で見た金先生は、「ああ、あのときの美しい青年男女はこの人たちだ。あの美しい館はここだ」と気づいたのです。そして、そのとき讃美されていた「園の歌」を聞いて、また非常に驚きました。天使たちと共にうたい踊った、あの歌だと分かったからでした。

「草創期において、これほどうたわれた歌は他にない」と柳光烈先生が言われた、歴史的聖歌です。

聖歌40番

主の道

白人霊歌

一　孤独な　御姿《み》で　先駆《さきが》け主は行かれた
死の陰の谷間を　ただ一人行かれた

二　重荷を代わりて　負う者は誰もなく
血と汗と涙を　流しつつ行かれた

三　孤独な試練の日　私も一人行こう
誰も私のため　身代わりになれない

郵 便 は が き

おそれいりますが切手をお貼りください

150-0042

(受取人)
東京都渋谷区宇田川町 37-18
トツネビル 3 F

（株）光言社
愛読者係 行

フリガナ お名前	歳	性別 男・女
ご住所 〒 お電話（　　　）　　　— E-mail :		
ご職業　1. 会社員　2. 公務員　3. 自営業　4. 自由業　5. 主婦 6. 学生　7. その他（　　　　　　）		

光言社・愛読者カード

今後の出版企画の参考にさせていただきますので、お手数ですが、ご記入の上、投函してください。抽選で毎月 10 名の方に粗品をお贈りします。ご感想は、右のコードでも受け付けております。

お買い上げいただいた書籍名（お買い上げ日　　月　　日）

本書を何でお知りになりましたか

□ 広告を見て（紙誌名　　　　　　　　　　　　　　）
□ 人に勧められて（　　　　　　　　　　　　　　　）
□ 書店で見て　　　　　□ ホームページを見て
□ ポスターを見て　　　□ 当社からの Fax 案内を見て
□ その他（　　　　　　　　　　　　　　　　　　　）

●本書の感想をお聞かせください（この項は必ずご記入ください）

●今後、どのような本を読みたいと思いますか

ご感想やご要望は、ホームページなどでお客様の声として匿名で紹介させていただくことがあります。ご了承ください。

＊光言社オンラインショップ　https://www.kogensha.jp/shop/

四

わが主の苦しみを　偲《しの》べば力は湧《わ》く
神も行かれた道　私たちも行こう

●韓国語歌詞

一　主は寂しい谷間を　主一人で歩まれた
誰も主のために行けず　主一人で歩まれた

二　私たちも　寂しい谷間を
私一人で歩まねばならない
誰も私のために行けず
私一人で歩まねばならない

三　あなたたちも恐ろしい試練を
あなた一人で耐えねばならない
誰もあなたのためにできず
あなた一人で耐えねばならない

讃美歌の中には、黒人霊歌と呼ばれているものと、白人霊歌と呼ばれているものがあります。この「主の道」は、白人霊歌の一つです。白人霊歌とは民族調の讃美歌のことで、フォーク・ヒムノディーと呼ばれ、故郷ヨーロッパを捨ててアメリカに移住した人々がもたらしたものです。

十七世紀の末から十八世紀にかけて、ヨーロッパ各国からの移民はそれぞれの民族的、宗教的背景を持った讃美歌とともに、続々とアメリカに流れ込みました。アパラチア山地(アメリカ東部を南北に貫く山脈)には、アイルランドやスコットランドからの農業移民が住み、母国の民謡的旋律に似た讃美歌をうたいました。南部のジョージア州にはモラヴィア派が移民し、彼らは特色のある敬虔《けいけん》主義的な讃美歌をうたいました。

これらの歌は黒人たちに影響を与え、それが黒人霊歌の生まれる一つの要素にもなっていると言われます。白人と黒人の事情は異なっており肌の色も違いますが、そこに共通するものは、ふるさとに対するあこがれでした。彼らはヨーロッパを後にし、またアフリカを離れて海を渡ってきたのでした。そのあこがれと郷愁は、もっと良い天にあるふるさとに向けられ、キリストとともにある魂の深い切望となってうたわれたのです。

霊歌というと、私たちは霊的現象によって啓示された「まことの宴」や「勝利の歌」などを思い浮かべますが、白人霊歌や黒人霊歌の場合は、もう少し広い意味にとらえなくてはならないでしょう。

この歌は孤独な道を行く信仰者の心を切々とうたっており、その内容が私たちを慰め、激励してくれるので、韓国教会の開拓期からうたわれるようになりました。特に印象的なのは次のエピソードです。

一九五四年、教会創立に参与した食口《シック》で、真のお父様に信頼され期待されて、責任ある立場についていた人がいました。延禧《ヨンヒ》大学の哲学科出身で実力のある素晴らしい男性でしたが、難しいみ旨の道を歩み切れず、ついに去ってしまいました。

その日、お父様は一日中、梁允永《ヤンユニョン》女史とともにおられ、この「主の道」をうたうように言われました。梁女史は思いを込めて何度も繰り返しうたったそうです。それをじっと頭《こうべ》を垂れて聞いておられたお父様の胸中は、うかがうすべもありません。

なお、韓国語の歌詞は三番までですが、日本語訳は意味の深さを表現するため、四番が補作されています。

聖歌41番

エジプトにすめる

黒人霊歌

一　エジプトに住めるわが民の
苦しみ叫ぶを聞かざるか
行け　モーセ　パロに告げよ
「わが民去らせよ」と

二　エジプトを出《い》でてわが民を
約束の地へとひきいたれ
行け　モーセ　パロに告げよ
「わが民去らせよ」と

三　「心を固くし　聞かざれば
災い来たる」と語るべし
行け　モーセ　パロに告げよ
「わが民去らせよ」と

四　奴隷にせられし同胞《はらから》の
苦しみ呻《うめ》くを聞かざるか
いざ　行け　救い出《い》だせ
とく　とく　同胞を

一六一九年八月末、バージニア州に二十人の黒人がオランダ人に連れられて上陸したのが、アメリカにおける黒人奴隷の歴史の始まりでした。

その後、南北戦争直前の一八六〇年までに、百万から百五十万の黒人奴隷が、また同期に南部においては繊維工業の発達にともない、四百万人以上がアフリカ大陸から連れてこられたといわれています。

いったい何人の黒人が、奴隷船によって運ばれたのでしょう？　正確な数は判明しません。課税をのがれるために、広く密輸がおこなわれていたからです。四世紀もの長きにわたった奴隷貿易の期間、アフリカ全域から送り出された奴隷の総数を、千五百万人以上と推定する学者もいます。

アフリカの内陸部にあった小さな黒人の村々は、しばしば真夜中に急襲を受けました。平和に眠っていた村人たちは、殺されたり、捕らえられたりしました。襲ったのはヨーロッパ人や、ヨーロッパ人の依頼を受けた黒人、あるいは独自に奴隷狩りを行っている黒人たちでした。

生けどりにされた犠牲者は、男も女も子供も首に枷《かせ》をはめられ、海岸まで何百マイルもかり立てられていきました。海岸の奴隷取引所で檻《おり》に入れられ、それから奴隷船の船倉に全裸で二人ずつ鎖でつながれ、長い航海に出発したのです。悲惨な大西洋横断の旅……。窒息死、伝染病、飲料水不足。恐怖によって気が狂いそうになった黒人たちが暴動に走ると、情容赦のない手段で鎮圧されました。それについて、次のような記録が残っています。

「三、四十名の黒人が上甲板に引き上げられ、二人ずつ鎖でつながれたまま帆桁《ほたけ》の先端につるされ射殺された。死体は甲板に降ろされると手枷や足枷を取りはらうため、手足を切断された。ある女の場合は、まだ息のあるうちに海中へ投げこまれた」

こうして、幾多の死と悲劇を強いられながらも、黒人はアメリカ大陸の広大な地域を開発する担い手となりました。アメリカ合衆国の綿花やタバコ、西インド諸島の砂糖、ベネズエラのココア、ブラジルの砂糖や鉱石やコーヒーなど、もし黒人がいなかったら、さまざまな地域の多くの産業は栄えなかったでしょう。

彼らは白人から聖書を教えられました。そして自分たちの境遇が、まさにイスラエル民族が周辺の諸民族にしいたげられたのと、よく似ていると思いました。彼らはしいたげられた生活の中でよくうたいました。故郷アフリカの民謡の旋法やリズムに、アメリカの白人霊歌や讃美歌の影響をうけながら作り出したものを、黒人霊歌と呼ぶのです。

ストー夫人は有名な著書『アンクル・トムズ・ケビン』の中で、明日は別々に売られていく母娘が抱きあってうたう場面を次のように書いています。


おお、すすり泣くメアリいずこ？

おお、すすり泣くメアリいずこ？

よき国に着けり。

彼女は死し、天国へ着きぬ。

彼女は死し、天国へ着きぬ。

よき国に着けり。


独特の憂うつな甘さをたたえた声で、天国における希望を求める、地上最後の絶望の、ため息とも思われる調子でうたわれる歌詞は、次から次へと吐き出されるように、人の胸を打つ調べとともに暗い牢獄の中を流れて行った。

「歌い続けよ、哀れな魂よ！　夜は短いし、朝はおまえたちを永遠に離れ離れにするだろう」

そのころ、信仰の篤い黒人たちは、いばらの冠をつけたイエス様に出会うことがよくあったとストー夫人は記しています。はっきりした幻、はっきりした声で「困難に打ち勝つものはわが王座に、われとともに座すべし」と。これらは事実だったと思います。キリストは彼らとともに鞭《むち》の下におられて、ともにうめきつつその過酷な道を行かれたにちがいない、私たちの知っているお方は、はるか離れた所にはおられないからです。

黒人霊歌の題材は、その多くが旧約聖書です。どんなに彼らは自由の世界へ脱出することを願ったでしょうか。イスラエルをエジプト人の手から導き出すモーセ、今すぐモーセのような解放者があらわれてくれないだろうかとも思ったでしょう。

いまイスラエルの人々の叫びがわたしに届いた。わたしはまたエジプト人が彼らをしえたげる、そのしえたげを見た。さあ、わたしは、あなたをパロにつかわして、わたしの民、イスラエルの人々をエジプトから導き出させよう。

リンカーンはまさにモーセのような解放者の使命を果たしたといえるでしょう。

この『エジプトにすめる』は壮重な黒人霊歌です。その内容が、歴史の苦しみに終止符を打つ私たちの使命を鼓舞してくれるので、日本開拓初期（一九六〇年代前半）に編纂された聖歌初版に編入されるようになりました。

聖歌42番

神ともにいまして

作詞　J・E・ランキン　作曲　W・C・トマー

一　神共にいまして
行く道を守り
天《あめ》の御糧《みかて》もて
力を与えませ
また会う日まで
また会う日まで
神の守り汝《な》が身を離れざれ

二　荒野《あれの》を行くときも

嵐吹くときも
行く手を示して
絶えず導きませ
また会う日まで
神の守り汝が身を離れざれ

三

御門《みかど》に入る日まで
慈しみ広き
御翼《み》の陰に
絶えず育《はぐく》みませ
また会う日まで
また会う日まで
神の守り汝が身を離れざれ

伝道した人を育てるために修練会に出して、そこで感動し決意してくれるようにと、教会全体で条件祈祷をしていました。今もそうですが、以前は特に、修練会というものの存在が大きかったのです。初期の先輩のほとんどが、修練会によって統一原理の偉大さを知り、また霊的な感動を受けてみ旨に出発したという思い出を持っています。

この「神ともにいまして」は、そういう修練会の忘れられない思い出の曲として、皆の心に刻まれているものです。全国各地から集まってきた人々が、いよいよ修練会を終えて出発する閉講式のとき、講師や班長たちと握手をしていきます。ピアノが静かにこの「送別」を奏でていきます。やがて、涙、涙――。

この曲が感傷を誘うのは、「また会う日まで」の言葉が、とくに浮き彫りにされるメロディーだからということもあるでしょう。この次に会うのはいつのことか、これっきり全国に散って、サタンの攻勢の中に倒れてしまう人もいるかもしれない、というような悲壮感がありました。ですから、この歌詞の一字一句が胸に迫ってきたのです。

この歌は十九世紀後半に作られ、讃美歌四〇五として収められており、「世界で最もよくうたわれる送別の歌」と言われています。

作詞者のジェレマイア・E・ランキンは、別れのときのあいさつである「グッバイ」という言葉の意味を考えて、丹念に作ったそうです。

〝good-bye〟は、〝God be with you〟がつまって発音されるようになったもので、イスラエルの「シャローム」のように「神があなたと共にあるように」との祈りを込めた言葉です。

あなたが荒野《あれの》を行くときも、嵐に遭うときも、常にあなたと共に神がおられますように。天よりの糧を与え、行く手を示し、絶えず導いてくださるように――。「グッバイ」の語源にはそのように深い意味が込められています。

三番の「御門《みかど》」は天国の門のことですから、「御門に入る日まで」とは、この地上で送る人生のすべてを表しています。

聖歌43番

勝利の歌

霊歌（日本）

一　ホザナの栄え　わが主来ませり
ホザナと歌え　ホザナと歌え

二　天は踊る　御《み》使い踊る
万《よろず》のものが　踊るよ踊る

三　エルサレム来た　地上に来た
主の日が来た　主の日が来たよ

四　燃えろ燃えろ　信仰の火よ
燃えろ燃やせ　信仰の火を

五　主を待ち望む　エジプトの地よ
永遠《とわ》の花咲く　園の日近し

六　進め進め　つわもの進め
主のつわものは　進み行くよ

七　讃《たた》えよ讃え　愛と真《まこと》の
万軍の主を　永遠に讃えよ

八　ホザナの栄え　わが主来ませり
ホザナと歌え　ホザナと歌え
ホザナ　ホザナ　ホザナ

霊能者は、永遠の無形世界について私たちに教え、正しく生きるように協助する使命を持った人たちです。異言、預言、霊歌などは、そのような人たちの口を借りて霊界があらわすものです。また霊能者でなくても、深い祈祷や感動のうちに、そういう現象があらわれることがあります。

今の時代は、霊界よりむしろ地上界が先立っており、何よりもみ言《ことば》そのものが直接的な高い啓示であり預言でもあります。

けれども教会の草創期のころは、見るべきものもなく信じがたい道を、「愛と真」を合い言葉に、一途な信仰を持って先輩たちは出発されました。神はその姿を限りなくいとおしまれ、霊界を総動員して慰められたので、多くの霊的現象があったと聞いています。修練会の最中でも、朝拝後の各自祈祷のとき全員がいっせいに霊界に入ってしまい、食べることも忘れて、なんと一日中、満たされて祈り続けたことがあったといいます。

この「勝利の歌」は、一九六二年二月、名古屋において神山裕子（旧姓岩井）さんが受けた霊歌です。

日本で初めての開拓伝道をされた松本道子さんは、名古屋で、文字どおり涙と汗のご苦労のすえに、ついに伝道の実を実らせたのです。その教会を引き継いだのは春日千鶴子さん（在米のロニヨン・千鶴子さん）で、しばらくしてから神山裕子さんが加わりました。

そのころ、〝統一教会は異端であるから行かないように〟といううわさが広まり、迫害がひどくなって、新聞にも出ました。そして、血を流すまでの事件が展開されたのです。続々とみ言を聞いたクリスチャンも、そういう嵐の中では散らされてしまいました。酷寒の中でガラスを割られて、部屋の中に水をまかれたり、裁判ざたになったりしたのです。

そのような迫害の中でも、祈りに祈って心を一つにし必死に伝道しました。姉妹と一時間後に会って握手するときには、「お父様！　この姉妹はこの一時間の間、どんなにつらい思いを耐えながら歩んできたのでしょうか！」という、表現しがたいほどの懐かしさが込み上げるのでした。

一日に三回路傍で叫び、一軒残らず訪ねていこうと訪問を続けました。最後には声がかれ果てて出なくなり、おしのようになってしまうほどでした。

そういう中にあって神はこたえてくださり、ある日、啓示がありました。

「お前たちは幼く足りないが、その真剣な歩み、その必死な姿に私はこたえよう。見よ、今にこの名古屋がどこよりも動くだろう。どこよりも先に私は動かそう」と。

このようなある日のお昼ごろ、姉妹たち三、四人で祈っていると、その場が高い霊的な雰囲気に引き上げられていき、心が満たされ始め、なおも祈っていくと、ミカエルやモーセが現れて、慰め力づけてくれるのです。そしてさらに高い雰囲気になり、イエス様が現れ神山裕子さんを通して、切々とご自分の思いを語られたのです。

「あなたがた選ばれた者たちよ。私は多くのクリスチャンを呼び求めるため、汗と涙を流し、再臨の時を知らせるために扉をたたいた。しかし、多くの人たちは傲慢《ごうまん》で耳を傾けなかった。また、私のことを神様と言い、天の父よりも私を愛している。それが心苦しく、神の前に申し訳ない。何と言っておわびしていいかわからない。

あなたがた選ばれた者たちよ。あなたがたは、多くの人たちの中ではいと小さき者だが、だれよりも、私以上に天の父を愛してほしい。再臨主は私を救って下さった。私までも救って下さった方である。誰よりも愛して仕えてほしい。

私の苦しみ、嘆きを証《あか》して下さった方である。私を愛してくれる再臨主をあなた方は愛さなければならない」

そして、イエス様はご自分の路程の心情を語られました。

「私はエルサレムに入城するとき、二つの心があった。一つは王の王として、神の

中央左から神山裕子さんと桜井節子さん（1961.3 専修大学正門前）

願いを成就する時が来たという喜び。もう一つは、もしや彼らの中に裏切りがあったとしたらという不安である。その二つの心と闘ったのだ。不安のほうが的中したとき、私はどれほど泣いたことだろう。ホザナ、ホザナとたたえても、すぐ変わる人間の心に、私は嘆き、泣いたのだ……」

その場にいた姉妹たちは、すべてをイエス様に捧げて恋愛もしなかったという、心からの信仰を長い間持ってきたクリスチャンでした。ですから、親しくイエス様がご自分の悲しみを訴えられるのを聞いたとき、泣き続けて涙が止まらなかったそうです。

「ああ、イエス様！」と泣きながら祈っ

ていると、「ホザナの栄え　わが主来ませり」と神山さんの口を借りて、霊界からの讃美の歌が歌いだされたのです。歌詞を書き取ったのは、ロニヨン・千鶴子さんでした。実際は十番まであったのですが、八番までしか書き取れなかったそうです。メロディーは暗記していたので、後で譜にしました。

歌っている神山さんの耳には、非常に美しい天使のような合唱が聞こえていたのです。それは聞いたことのない響きで、まるで二十部合唱以上ありそうな、何ともいえない美しさだったそうです。最後の「ホザナ、ホザナ、アーメン、アーメン」の詠唱は、歌いかわすこだまのようにいつまでも続いたといいます。

その場の霊的な波動は一つであり、みな同じ高さまで心が引き上げられていたので、すぐに一緒にうたい始めたのです。それから一週間ほどは、霊的な満足感がそのまま続きました。祈れば、この歌が自然に口をついて出、うたっては泣き、深い祈りに入ってさらに泣くという日々でした。

二日ほど後に、再び霊現象があったそうです。この歌の題を天使が与えてくれたのです。「素晴らしい歌が与えられたけれど、題がないわね」と皆で話し合っていたら、神山さんを通して再び天使が現れ、「さあ、もう一度うたいましょう、『勝利の歌』を！」と皆を誘ってうたいだしました。

こうして、この歌は「勝利の歌」と名づけられることになったのです。その頃《ころ》は、主の国に対するときあかしを一般に対してはしておりませんでした。秘められていたのです。「勝利の歌」も五番の歌詞は、

　主を待ち望むエジプトの地よ（エジプトは日本をさす）
　無窮花《ムグンファ》乱る　国の日近し

という言葉で与えられましたが、「永遠の花咲く」に直したのです。「無窮花（むくげ）の乱れ咲く国に主は来られた」という意味をうたっています。

聖歌44番

まことの宴

霊歌（日本）

一　天地に生きて　素晴らしい朝よ
世界に結ぶ愛　まことの　宴《うたげ》

二　まさぐや神のみ　世界を支える
日本の都に真実は立つ

三　み栄《さか》え　神とも　あめつち三位《さんみ》も
世界は慕うは　我らの慰め

四　生命《いのち》の冠《かむり》を　今こそ捧《ささ》げて
天地に響かせ　神のみ　真理《ことわ》る

「まことの宴」は、一九六〇年代、日本の教会草創期における霊界からの励ましとして与えられた霊歌です。かたちとして何も見えない時代に、年若く経験も少ない青年たちが、必死に神様の願いを果たしたいと立ち上がったとき、多くの霊界からの励ましがありました。この歌もその一つです。

この歌が与えられた場に居合わせ、それを書き取った太田郁恵《いくえ》さんの話をもとに、その様子をお伝えしたいと思います。

太田さんは、日本聖歌指導の元祖ともいえる方です。日本草創期、太田さんの美しい聖歌の独唱は「まさに天使の臨在を感じた」と先輩方に言わしめるものでした。

一九六三年十二月十三日、午前中のことでした。その日は冬なのに日ざしの暖かい気持ちの良い日で、当時の本部だった下北沢教会（東京都世田谷区）の庭の常緑樹の緑がとてもきれいだったことを覚えているそうです。

そのときふと、部屋の中からお祈りの声が聞こえてきました。部屋に入ってみると、それは霊感の優れたある兄弟が、異言を語っていたのでした。

低く荘厳な声で、「汝ら、この重大なる終末のとき……」と呼びかけつつ、時代の重要

世田谷区代沢にあった本部教会（1963.10〜64.10）

性と成約聖徒たちの使命を語り、汝らは本当に立ち上がってやらなければならないと、先祖が切々と訴えているのです。とても格の高い、国家的な次元の心情の波動であったようです。目の当たりにする霊界の働きは、深く胸を打つものでした。

そのうちに異言は、歌になっていきました。最初は勇壮活発な歌、それから少し間があって、ガラッと調子が変わり、「天地に……」とうたいだしたので太田郁恵さんはハッとして、急いでわら半紙に五線を書き、採譜していきました。何か無意識のうちに書き取らされたという感じがしたそうです。

その男性はあまり良い声ではなかったのに、そのときの歌声は清くきれいな女性の声のように聞こえてきたのです。うたっている男性の霊眼には、大きな真っ赤な太陽に向かって、手をつなぎ合って立っている多くの人影が見えてきたそうです。

とてもゆっくり四番までうたったのですが、古語も多く、聞き取りにくいところもありました。すぐそのとき教会にいた人が集まり、オルガンに合わせて幾度も歌ったのですが、「日本の都に真実は立つ」という言葉がうれしくて、皆で感動しました。まだ数も少なく基盤もないのに、その言葉が霊界から与えられたことが希望であり、神の励ましを感じて力づけられたのです。その時代にふさわしい、一つの心霊を開拓してくれた歌でした。

ずっと後になって、言語学者にこの歌を紹介したとき、「まさぐや」は神の古い枕詞《まくらことば》で、「全てに勝る」という意味であることなどを教えてくれ、どうしてあなたたちのような若い人がこのような古語を知っているのかと不思議がられたそうです。

聖歌45番

主はわが牧者

作詞　BONG CHAN CHAI　作曲　SOO CHOL CHANG

一
主はわが牧者わが飼い主
わが生命《いのち》の君なれ
緑の野原に谷川に
我を導きませり
※（くりかえし）
主こそわが牧者　我は主の羊
日ごと夜ごとわが生命をば
育《はぐく》み生かしませり

二
小鳥の歌う清き朝に
夕日照らす日暮れに
愛するわが牧者の声が
我を常に呼び給う
※

三
悪《あ》しき者ややに迫るとも
憂《う》き雨風襲うも
強き御《み》手にかき抱かれし
我に恐れはあらじ
※

「主はわたしの牧者であって、わたしには乏しいことがない。
主はわたしを緑の牧場に伏させ、いこいのみぎわに伴われる。
主はわたしの魂をいきかえらせ、み名のためにわたしを正しい道に導かれる。
たといわたしは死の陰の谷を歩むとも、わざわいを恐れません。
あなたがわたしと共におられるからです」（詩篇二三）

聖歌45番は、右の有名な聖句を中心にした信仰告白の歌で、かなり前に作られた韓国の讃美歌です。すべてを主にゆだねた心の平安と感謝が、小川のせせらぎのような美しいメロディーでうたわれています。

信仰者や選民（広くは人類）を羊に例え、主を羊飼い（牧者）に例えたものは、聖書に多く出てきます。日本ではめったに見られませんが、牧畜の盛んな国々の映画などに、羊のふさふさした毛を刈り取っている場面があります。

そんなときも、羊はおとなしく立っている、血気に走らないとても従順な動物なのです。聖書では対照として山羊をあげますが、山羊はカッと怒って突いたり暴れたりすることがあります。ですから、み言《ことば》を受け主を信じて、血気、怒気にはやるサタンの性質を変えられた信仰者は、山羊から羊に変えられたというのです。

また、羊は迷いやすく、自分の頭が向いた方向へと行ってしまい、夢中になって草を食べていて崖《がけ》から落ちたりします。イザヤ書五三章六節に「われわれはみな羊のように迷って、おのおの自分の道に向かって行った」とありますが、これも神を見失ってさまよう人間の姿の象徴です。

しかも羊は獣に襲われても、身を守る何の力もありません。いつも一匹一匹を見守りながら、「迷ったものはいないか。危険はないか。十分に食べたか。のどは渇いていないか」と、心を砕く羊飼いがいなくては生きていけません。羊飼いは緑の草がはえている原を探して食べさせ、水辺を探して飲ませ、片時も羊を忘れず、慈しみ育てるのです。

ダビデは彼の羊の群れを守るため、ししや熊とさえ闘いました。イエスは「私はよい羊飼いである。よい羊飼いは、羊のために命を捨てるのである」と言われました。まことによき牧者とは、真の親の姿そのものです。そのおかたに心から従う者は決して飢えることはなく、その愛のみ手はそれぞれに必要なものをすべてご存じです。私たちは主を信じて身をゆだね、最もよきものをささげていく羊なのです。

聖歌49番

いざ立ち、呼ばわれ

作詞　辻村なをみ　作曲　朴在勲

一
目を上げて仰ぎ見よ
罪の巷《ちまた》より傷つきし者の声
主の名を呼びしを
闇《やみ》にあえぐ人々
道に迷いし人
主にある我らが友
いざ立ち呼ばわれ

二
目を上げて仰ぎ見よ

暗き闇の夜に　主を待ちし者の声
寂《しじま》を渡れり
主は常に招きしが
応《こた》うる者いずこぞ
主にある我らが友
いざ立ち呼ばわれ

三

目を上げて仰ぎ見よ
父母にますわが主を　真の掟《おきて》を説き
愛をば示しを
神に始まる生命《いのち》
継ぐ者は何処《いずこ》にか
主にある我らが友
いざ立ち呼ばわれ

「目を上げよ」。これは自らの思いのみにとらわれている者にとって、ハッとする呼びかけです。アダムとエバは、罪を犯した後、深くうつむいて神の前に立ちました。カインも、神の仕打ちを恨んで怒りに燃えたとき、「なぜ顔をふせるのか」と問われました。

罪にとらわれてしまうと、人は神から目をそらします。自分の表情と思いとを、神に隠してかたくなに持ち続けます。そういうとき「目を上げる」のは、本当に勇気がいるものです。

天の父が一人の人間の魂を砕いて、新しくしようとされる場合、しばしば苦しい環境や納得できない事情、厳しい人などを遣わされることがあります。ところが、本人にはそれらのものは見えても、その奥に潜む神のみ手を見ることができません。かつて小山田秀生先生が、「現象世界のみを人は見つめがちだが、真実は現象の向こうにある、導きのみ手の光は現象世界の向こうにあるのです」と、よく語られていました。

「目を上げなさい。あなたの心を上げて、環境と人との向こうにある、私の導きの手をしっかりと見つめなければなりません」と、主は言われるでしょう、いつも「人が私にこうした」とか、「どこかもっと違う環境に行きたい」という思いばかり持つ人は、重生《じゅうせい》（新生）の喜びに合うことがありません。

また、その人は決して聞くことはないでしょう。友の心の呻《うめ》き、傷つく者の救いを求める心の叫びを。父母なる神を確かに仰ぎ見るとき、隣人の悲しみが初めて伝わってきます。パウロは「だれかが弱っているのに、わたしも弱らないでおれようか。だれかが罪を犯しているのに、わたしの心が燃えないでおれようか」（コリントⅡ一一・29）と言いました。主にある人々は皆そうなるのです。こうして伝道は、やむにやまれぬ心情の発露となります。

この歌は、そういう信仰の励ましのために作られました。一九七六年の編纂のとき、韓国のようにうたわれていた曲に合わせて作詞されたものです。目を上げて真の主を仰ぎ、立ってみ言《ことば》を伝える者となろうではありませんか。

聖歌51番

峻しき試練の

作詞　辻村なをみ

一
峻《けわ》しき試練の水の中より
我を呼びし主よ　わが生命《いのち》の主
黄泉《よみ》の力我を襲い倒る時にも
主よ生命の主よ　生かし給《たま》えや

二
罪ある者には許しの力
冷たき心に愛の御言《みことば》
与え給《たも》う主は我らの真の生命
われらが祈りは感謝に尽きぬ

三

死すべき生命を生かし給《たま》いし
主よ汝《な》れに報《むく》いん　わが生命もて
我伝えん日ごと夜ごと神の御《み》国を
来たり給う主ぞ　あまねく伝えん

韓国の古い讃美歌の中にあったもので、この曲の波のうねりのような美しさに心を魅かれ、詩が作られました。もともとの歌詞の一番に、インスピレーションを得て三番まで創作したものです。一九七六年の編纂のときのことでした。

峻しい試練の水の中から
私を助け出してくださり
激しい波風から私を隠してください
主よ　私をかえりみて抱いてください
峻しい波風から私を隠してください

これが韓国語の歌詞の一番です。ちょうど詩篇にある、ダビデの切々とした神への呼びかけのような歌です。しかし、辻村なをみさんは「すでに真の生命を与えられた確信と感謝が込み上げる歌としてみたい」という祈りを込めて、新しい歌にしました。それが三番の「主よ汝《な》れに報いん、わが生命もて」という決意につながっていくのです。

一番の「黄泉《よみ》」という言葉は、文語で「死者の魂が行く所。あの世」という意味ですが、信仰の歌の中では、闇の力すなわち悪魔（または地獄）の力を指して使われる場合があります。この歌では、そういう意味で使われています。

「あなたがたの敵である悪魔が、ほえたけるししのように、食いつくすべきものを求めて歩き回っている」と、ペテロが第一の手紙でいっているように、私たちはこの強敵との耐えがたいほどの闘いで倒れてしまうときもあります。あるときは何によって、だれによって自分が倒されたのかさえ知らず、苦しみ続けるのです。その苦しみが主によって変えられ、かえって魂の食物になるということは本当に不思議なことです。

「もっともっと感謝して、生き生きとした生命に満ち、主を伝える私たちになりたい」という願いがあふれてくる歌です。

聖歌52番

貴き宝

作詞　桜井節子

一
貴《とうと》き宝捧《ささ》げ奉り
身も魂も　仕え奉らん
妙《たえ》なるかな　くすしき日よ
待ちし父母様生まれ給《たも》う

二
平和の鐘《かね》は四方《よも》に響き
慰めの日よ　憩《いこ》いの日よ
喜び溢れ望み尽きず
こよなき御名《みな》を讃《たた》えし日よ

三

天《あめ》より降《くだ》る永世《とこよ》の国
聖なる都　エルサレムよ
勇みて仰げ栄えの君
待ちし日は来《き》ぬ　いざや誉《ほ》めよ

歌の原曲は三博士のささげものをテーマにした韓国の古い讃美歌ですが、訳詞を担当した桜井節子さんのインスピレーションをもとにして、この深い信仰告白の歌が生まれました。これはまさに天が与えてくださった歌であることを、皆様もうたいながらきっとうなずかれるに違いありません。

神のひとり子イエスのご聖誕のとき、お告げによって集められた三人の博士たちは、その時代において最も高価で価値あるものとされた黄金、没薬、乳香を携えて来てささげました。恐らく、それは彼らの全財産と換えた宝であったことでしょう。だれも、イエスの聖誕を知らなかったその夜に、ささげものをすることができたというだけで、彼らは歴史に残っています。しかし、彼らはささげものをしただけで、イエスに仕えず去って行きました。

私たちは何を準備し何を携えて、再臨の日に向かったらよいのでしょうか。「宝」はある人にとっては金銭や宝石であり、名誉や地位でもあるでしょう。また、幸福な家庭や恋人かもしれず、学問や生きがいをもたらす芸術かもしれません。

しかし今、「もっとまさった永遠の宝」（ヘブル一〇・34）があることを知らなくてはならないのです。自分たちが貴く思ってきたすべてのものをささげるとき、主は喜びと希望をもって導いてくださいます。神は私たちを実子として、天の世嗣として、祝福の相続者として、切実に愛しておられるのですから。

来りたもうた真の父母を、自分の宝をもって迎えましょう。全身全霊を挙げて慕い、この身をもって仕え、待ちに待った喜びの日の到来を伝えようではありませんか。

聖歌53番

行こうカナンへ

作詞　辻村なをみ

一　かの地ヨルダンの岸辺《きしべ》はるかに
立てし勝利のエデン
その岸辺に咲きし生命《いのち》の花
主の庭ぞいざ集え
※（くりかえし）
行こうカナンへ待ちし主の国
時は満ちたりいざ整えよ
主に祝さる日近し

二　主の命《めい》受けすべてに従いて
残さん勝利の歴史
来たり歌え我ら勝ちし民よ
主の栄光を歌え
※

三　イスラエルよ歌え声高らに
主の栄光の凱歌《がいか》を
その声天地にとどろきて
主の来たるを告げ知らせん
※

曲中に三度繰り返されるフェルマータ（𝄐・音を伸ばす記号）が、実に私たちのうたい方とぴったり合って覚えやすく、聖歌の改訂版が出た当時は一番うたわれていました。歌詞も明るくて分かりやすく希望に満ちた歌です。

もともとの曲は、古い韓国の歌にあったものを作詞し直しました。また、忙しいみ旨の合間にも、ちょっと練習をすれば楽しくコーラスできるようにと、編曲を工夫しました。今後礼拝などで、聖歌隊の合唱をするところが多くなると思いますが、楽しくうたいたいときはぜひ選んでみてください。

この歌は目的地をカナンになぞらえて、今まさにそれを目前にしている第三イスラエルに対する鼓舞をうたっています。

「ほら、目を上げてごらんなさい。ヨルダンの対岸、あの岸辺に咲く、生命の花々を。そこからはるかに続く主の約束の地、勝利の地カナンを。

勇んで立ち上がりましょう、栄光のイスラエルよ。先頭に立って行かれる主の命令にこたえて、勝利の歴史を残そうではありませんか。

私たちの記念碑には、こう刻まれるでしょう。『彼らは選ばれ、立って闘い、そして勝った』と。栄光の凱歌を主にささげ、天地にとどろかせて主を証しましょう。時は満ち、主の祝福は近いのです。待ちに待った神のみ国はすぐそこです。さあカナンに行きましょう。いざ、共に行きましょう」

このように語りかけ、励ましてくれる歌詞です。

日本開拓の初期、先輩たちは「天宙復帰、問題じゃなーい！」と叫びながら土台を築いてきました。真のお父様も「あり余る重荷を指一本でかたづけて問題じゃないという男性、女性を神様は求めておられる」とおっしゃったことがあります。重荷は重荷に違いなくとも、統一勇士の心意気はにっこり笑って前進するところにあるのでしょう。イスラエルも何かあるとタンバリンを鳴らして神の前に踊った民族でした。険しい重大な道を担当するときであればあるほど、喜び躍る気持ちで臨もうではありませんか。

聖歌56番

待ちしこの日

作詞　天野照枝

一　歓《よろこ》びはずみて　待ちしこの日
天地《あめつち》すべての　待ちしこの日
真の父よ真の母よ
侍《はべ》る我ら歓びを
一億民の心一つに
今ぞ歌え高らかに

二　生命《いのち》の泉は　溢れ湧《わ》きて
渇きし者みな　待ちしこの日
真の父よ真の母よ

侍る我ら歓びを
御旨《みむね》に捧《ささ》ぐ祈り一つに
今ぞ歌え高らかに

三　涙にぬれ来し罪を拭い
永遠《ときわ》の愛の火燃ゆるこの日
真の父よ真の母よ
侍る我ら歓びを
新しエデン園に響かせ
今ぞ歌え高らかに

私が初めてこの歌のメロディーだけを聞いたのは、一九六六年の春でした。このメロディーは、霊感のすぐれた男性が突然閃《ひらめ》くように浮かんだものを、音楽のできる女性に譜にしてもらったということです。これを聞いたとき、私の心のうちに、このメロディーに呼応してわき上がってくる感動があったのです。それは大学の休みを利用して、修練会の聖歌指導をしていたときでした。

修練会は、横浜の自然の美しい大倉山のある研究所を借りて行われていました。研究所の裏山は、俗化されていない静かなたたずまいを見せており、霜柱の上に梅の花の香りが満ち、やがて桜が満開になりました。聖書の真理を深く学ぶため、全国から集まった二百人近い修練生の魂の深くまで神の愛が届くようにと、よく山道を歩きながらお祈りをしました。

このメロディーを知ってからは、無意識に口ずさんでいるのに気づくほど身近なものになっていました。ある日、この曲をハミングしながら山道をたどっているとき、心の奥からわいてくる希望を感じました。

「そうだ、真の父、母として私たちを愛し、つくりかえてくださる主こそが、私のただ一つの希望であり、喜びとなるのだ。そのかたのご臨在を実感する日、苦しみと悲しみを越えて、踊りだすような歓喜が天地すべてに満ちるその日を、歴史の代表として私は待っているのだ」

日本一億の民がこぞって主をたたえ、怒涛のような勢いでうたっている幻が包んだとき、「歓びはずみて待ちしこの日、天地すべての待ちしこの日」と、一番の歌詞が、うたっていたメロディーに乗せて流れるように出てきたのです。

桜の花びらが、暖かい春の光を浴びて散りかかる山道。そこに真の父母様がおられると想像しながら姿勢を正して、「今この歌をおささげいたします。お聞きください」と、うたったのです。すると歌に合わせて景色が「嬉《うれ》しいです。嬉しいです。真の父母を迎えて嬉しいです」とほほえみ、揺れながら語りかけるのを感じました。

聖歌58番

丹心歌

作詞　鄭夢周

一　幾度《いくたび》死すとも　砕《くだ》け散るとも
たとえ身も魂《たま》も朽《く》ち果つとも
慕わしきわが主に捧《ささ》げまつる
熱きこの胸の忠誠《まこと》消えず

二　幾度《いくたび》生命《いのち》の　我にあるとも
ことごとわが主に侍りて捧げん
揺るぎなき誓いの更に燃ゆる
熱きこの胸の忠誠《まこと》消えず

●韓国語歌詞

この身が死んでまた死んで　百度死に
白骨が土となり　魂までなくなっても
主への一片丹心がなくなるはずがあろうか
主への一片丹心がなくなるはずがあろうか

この歌を作った鄭夢周《チョンモンヂュ》（一三三七年～一三九二年）は、高麗王朝の忠臣です。恭愍王《コンミン》のとき、中心的な儒学者として用いられ、多くの弟子を教えて儒学を大きく振興させました。号は圃隠《ポウン》と言い、慶尚北道浦項市延日邑《キョンサンプットポハンシヨニルウプ》の出身です。

学問だけでなく大胆さや温情も持ち合わせており、そのころ出没して略奪を繰り返していた倭寇《わこう》の鎮圧について九州まで交渉に訪れ、平和交易の約定調印を結ぶという大きな貢献をした人物でもあったそうです。

高麗王朝は明《ミン》に向かって大軍を派遣し、その崩壊を早めることになりました。李成桂《イソンゲ》将軍はこのとき、雨が降り続く季節の戦いは困難であるとして、最後まで反対しましたが、その懸念どおり、鴨緑江で多くの兵が溺死し、兵糧も尽きました。李成桂は切迫した状況を訴え、幾度も軍の撤退の許可を求めるのですが、王と崔瑩《チエヒョン》将軍の反対によって、惨状はそのままに捨ておかれました。ついに李成桂は都へ大軍を送って王を廃位させてしまいます。

こうして高麗王朝は滅びましたが、李成桂は忠臣として名高い鄭夢周の才を惜しんで文書を送り、李王朝に仕えるよう懇請しました。新しい体制をつくっていかなければならない李成桂にとって、人望も徳もある鄭夢周が自分に仕えるなら、これほど力強いことはありません。しかし、その意に背くようであれば、どんなに惜しい人材であろうと殺す以外にないのです。

鄭夢周にとっては、まさに生死の分岐点ともなる李王朝からの呼びかけでした。そのとき、鄭夢周が返書として送った詩が、この「丹心歌」であると伝えられています。

「この身は死んでもまた死んでも　たとえ百回死んだとしても
　白骨が泥土になり魂までなくなってしまおうとも
　君を思う一片丹心は変わることがない」

ここに至ってはやむなしと、李成桂は彼を惜しみつつも処刑を定めました。また、鄭夢周は文書ではなく、李成桂の五番目の息子、李芳遠《イバンウォン》のもてなしの場で、返歌としてうたったという記録もあります。

李芳遠が、

「このようになったとしても　あのようになったとしても
　どうしたというのか　万寿山につたがからみついたら
　どうしたというのか
　私たちもこのように互いに力を合わせて　百年までも栄えてみよう」

と歌いかけたところ、鄭夢周はスーッと立ち上がって、「丹心歌」をうたったとも言われるのです。

やがて彼に、王が病床にあることが伝えられました。もとより鄭夢周は死を覚悟し、身を清めて王の病気見舞いにおもむいたことでしょうが、確かな史実として残っているのは、その帰り道で李芳遠が差し向けた趙英珪《チョヨンギュ》ら四、五人の者に刺殺されたということだけです。鄭夢周が殺された場所は、京畿道開城《キョンギドケソン》にある善竹橋《ソンヂュクキョ》という石造りの橋の上であり、この石橋には今も彼の血痕が残っているといわれています。また、その石橋の下から竹が生え、石を突き抜けて伸びていったともいわれています。

かつて世に現れた忠誠の文人が主君を思って歌ったその心情は、真の主を奉ずる私たちの精誠と信仰を何と鼓舞してくれることでしょうか。かつて真のお父様は、教会創立時代、劉孝元《ユヒョウウォン》初代協会長と一晩中、涙を流しながら「丹心歌」をうたわれたと伝えられています。

聖歌59番

朝は小鳥の

作詞　天野照枝　作曲　辻村なをみ

一
朝は小鳥の歌に覚め
夕べ輝く星の下《した》
歓《よろこ》び積みて行《ゆ》く生活《たつき》
岩の上なるわが家庭

二
嵐寄《よ》せ来る試みに
苦しきことの多きとも
御神《みかみ》と共に何処《いずく》にも
祈りて歩むわが家庭

三

愛の箱舟《はこぶね》　舵《かじ》とりて
心一つに父母と子は
目指す行く手を主の御手《みて》に
委ねて嬉《うれ》しわが家庭

一九七六年七月、聖歌編纂によせて作られました。天国の基礎といわれる家庭の大切さを思い、愛と信頼が通う生活の喜びをうたっています。この歌の奥にある情景を、三番まで描写しましょう。

一　小鳥は、まだ暗いうちから、チチ、チチとひとしきりうたいます。聞きほれていると辺りが白らんできて、空は真っ青に染まり始め、幾筋か朝焼け雲が残るその夏の夜明けのさわやかさ。緑の露の玉が、小さく草に光っています。今日もこんなに美しく、朝は装って私たちに訪れる。……朝拝の歌声、母や姉の作る朝食のにおい、田や畑にも讃美歌の響き。

全国に遣わされた家庭も、一日の出発の時を迎えます。伝道に行く母は「今日も一日、元気ないい子でいてね」と、赤ちゃんを抱きしめる……。

そうして、真心から一日をいそしみ、日が暮れると星が輝きます。背負ったわが子と共に、キラキラとまたたく光を見ながら帰途に就く母もいます。「パパはまだ、一生懸命お仕事ね」……これらすべて、神と共に歩む喜びの生活です。キリストがその一番根っこになっているのです。私たちの家は、崩れ去る砂の上にではなく、揺るがぬ岩の上に、固く建てられているのですから。

二　だから、試みの嵐が押し寄せ、苦労が重なる日も、その確信を捨てずにいましょう。イスラエルは見渡す限りの荒野の果てのカナンを指す、モーセの杖《つえ》に従いました。アブラハムも「いで立て」との神の声に、家庭ぐるみ、行く先さえ知らずに旅立ちました。今私たちも「わたしとわたしの家とは共に主に仕えます」（ヨシュア二四・15）というのです。

三　ノアは大きな箱舟を造りました。それは罪悪の世を越えて新世界に旅立つ、神の舟でした。私たちの教会も、私たちの家庭も、ちょうどそのようなものです。わが夫、わが妻、わがいとし子、神によって結ばれた愛の箱舟の住人たちは、全く新しい天と地を、ここから――自分たちから――つくり出さなくてはならないことを知っています。どこに行くのでしょう？　いつまで行くのでしょう？　それは主にゆだねます。父母と子は共に心一つに励んでいきます。主よ、お導きください。

聖歌60番

恵みと奇跡の

作詞　天野照枝　作曲　辻村なをみ

一　恵みと奇跡の主の道の
奥に潜《ひそ》める悲しみよ
世人《よびと》は己《おのれ》の願いのみ
果たすを望みて主に付くを

二　「御父《みちち》の与うる杯《さかずき》を
飲むより他に道なきか」
血まじる汗にて祈られし
園に弟子らは眠りたり

三
木の架《か》の重みに込められし
御父《ちち》の嘆きと人類《ひと》の罪
ゴルゴタの悩み今も負う
とりなしの犠牲《にえ》の主の姿

四
我また知らざり主の道の
奥に潜《ひそ》める悲しみを
わが勲《いさおし》は足らねども
報わせ給えや主の愛に

私がこの詞を生むきっかけとなったのは、一九七四年の夏、伝道を通して悲しく痛い神の心情を味わったときのことでした。そのとき、何気なく開いたノートに「伝道のかなしみ」という詩がありました。詩の作者はよく分かりませんが、かつて成約新聞（今の中和新聞）に載ったものを書き写しておいたのです。

このまことを携《たずさ》えて　何処《どこ》へ行こうか
行くところがない
このかなしみを携えて　誰《だれ》をたずねようか
会う人がない
私を送った神の心は
私の後ろで泣いているのに
たずねて行った愛の前に
歓迎《むかえ》てくれる誰もいない
この愛を携えて　何処へ行こうか

行くところがない

この詩の一言一句が胸を打ちました。神と共に歩む人が言うに言えない深い事情をかかえているものだとは、世人は想像だにしないでしょう。また主が、どれほどの深い事情をもっておられるかは、私にも想像できない内容であるに違いないのです。思えば、私の心の戸をたたかれた主に、このような寂しく悲しい思いをさせてきたのかと涙が流れてしかたありませんでした。

「私を送った神の心は私の後ろで泣いているのに」この言葉から受けた強烈な感動が、一九七六年に「恵みと奇跡の」を作詞する動機となったのです。

辻村なをみさんが、深い祈りの中で曲をつけてくださり、静かですが、うたい進むにつれて、霊的な力が込み上げてくる曲となりました。

昔、イエスについて行った人はたくさんいました。「人々はあらゆる病にかかっている者をイエスのところに連れてきたので、これらの人々をおいやしになった。こうして、おびただしい群衆がきて、イエスに従った」。このかたについて行けば奇跡が起こると思ったのです。

それは結局、十二弟子でも同じことでした。「わたしのこのふたりのむすこが、あなたの御国《み》で、ひとりはあなたの右に、ひとりは左にすわれるように、お言葉をください」(マタイ二〇・21)というヤコブとヨハネの母の言葉は、主を通して自分の望みを果たそうとする人間の愚かさを象徴しています。

私たちをみ旨の道に送り出した背後にあるのは何でしょう。復帰摂理の人物たちの心情の基台、ノアやアブラハム、モーセたちの汗と涙。そして、イエス様の血。数多くの殉教者の死の瞬間にも、神をたたえたハレルヤの叫び。真の父母様の行かれた苦難の道。そのすべてを抱かれて泣かれてきた天の父。それらが、さまよう路傍の人であった私たちを、愛と涙の人に創りかえておくりだしたのです。

「恵みが私にくるときは、先生の犠牲が代償として払われている、ということを感じます」と話してくださったのは金元弼先生でした。韓国動乱の際、北から南へ逃れて来る道のりで、お父様が殴打《おうだ》されたことがありました。なぜこういうことがあるのかと不思議に思っていると、翌日、啓示を受けてごちそうを用意し、迎えてくれる人に会ったのです。「ああ、私のために先生が打たれた」と、ひもじさが満たされた喜びよりも、神が下さる恵みの秘密を知って泣かれたそうです。

この歌をうたうたび、主に従うという思いがどこまでの深さなのかと問われる思いです。

主よ、あなたの奇跡と恵みの奥に隠されている悲しみを知って、その愛に報いる者になりたいのです。

聖歌62番

十字架より叫び聞こゆ

フィンランド聖歌

一
十字架より叫び聞こゆ
彼らを許し給《たま》えと
神の御子《み》　苦しみ受け
世の罪を負い給《たも》う
ゲッセマネの暗き夜の
その祈り君知るや
ゴルゴタの丘の上の
苦しみは誰《た》がためぞ

二　十字架より叫び聞こゆ
すべてのこと終わりぬと
神の御子《み》血を流して
世の罪を清め給《たも》う
木の上に釘《くぎ》打たれし
その痛み君知るや
ゴルゴタの丘の上の
苦しみは誰《た》がためぞ

その朝、空はどんな色をしていたのでしょうか。主イエスが十字架につけられるため、ゴルゴタの丘をよろめき登っていったその日の……。そこには、嘲《あざけ》り喜ぶ祭司長たちや悲しみ嘆く女たち、物見高い民衆がいました。イエスの両手に太い釘《くぎ》が打ち込まれる音が響きます。血潮がほとばしり、体に大きな痙攣《けいれん》が走ります。しかもなお、人々は遠巻きにそれを眺めているばかりです。

午前九時ごろ、綱で十字架の上部は引き起こされ、地面に掘られた穴に、十字架の先端がズンと音をたてて落ち込みます。ついに十字架は高々と立てられ、いまやイエスの体の重みは手と足の釘に容赦なくかかっています。

そのとき、人々は氏族からも民族からも捨てられ、愛弟子にさえ裏切られて、死への時間を数えながら、裂ける皮膚と筋の激痛と窒息の苦しみの中で祈る声を聞くのです。

「父よ、彼らをお許しください。彼らは何をしているのか分からずにいるのです」

そういう情景を彷彿《ほうふつ》させる「十字架より叫び聞こゆ」は、北欧フィンランドに伝わる聖歌です。編纂委員会の辻村なをみさんが高校時代から愛唱しており、「ぜひ入れたい」との推薦でした。哀調をおびて澄みわたる曲の雰囲気は胸に迫ります。とくに「ゴルゴタの丘の苦しみが、だれのためになされたのか、あなたは知っているか」との問いかけは、これをうたう一人ひとりの心に響くでしょう。

私たちは主の苦難を遠くで見ている、見物人の一人で終わるでしょうか。キリストを「偉大な先生」と思い、その姿を尊敬して見つめればいいのでしょうか。

もし、そのかたが親であり、私たちが子であるならば、走り寄って運命を共にすると思います。主との出会いによって、その人の歩みは変わります。「主の道のすべては私のためであった」との確信を天から与えられる日、何ものをも恐れない信仰の勇士として、また真の神の子女としての一歩を踏み出すでしょう。

聖歌64番

空とぶ小鳥は

作詞　天野照枝　作曲　伊地知元子

一　空とぶ小鳥は蒔《ま》かず刈《か》らぬに
御《み》神は愛もて養い給う

二　名もなき野花にソロモンよりも
優れる装い賜《たも》う御神ぞ

三　まず神の国と義とを求めよ
全《すべ》てのものみな添えて与わる

四　思い煩《わずら》いを主の手に委ね
今日を喜びて仕えまつらん

小曲ながら、作詞者・作曲者ともこよなく愛しつつ生まれた聖歌です。一九七六年の聖歌編纂のとき、自然にほとばしった祈りのままに短時間でできました。

イエスが山上で語られた有名な「何を食べようか、何を飲もうかと、自分の命のことで思いわずらい、何を着ようかと自分のからだのことで思いわずらうな。命は食物にまさり、からだは着物にまさるではないか」(マタイ六・25)をそらんじているかたも多いことでしょう。

あまり聞き慣れすぎて、新鮮には響かないときもあるほどです。けれども世の生活の苦しみや荒波に悩み疲れたある日、ふっと目にしたその聖句に驚いたことはなかったでしょうか。そして、ひたひたと心を包む平安を感じたことはなかったでしょうか。

「空の鳥を見るがよい。野の花がどうして育っているか、考えてみるがよい」。言葉の奥にあるものは、子としての親への絶対的な信頼です。もちろん私たちは食べ、飲み、着て、生きていくのですが、それだけを切に求めて思いわずらうことは、滅びの道に至ると戒めておられるのでしょう。「あなたがたの天の父は、これらのものが、ことごとくあなたがたに必要であることをご存じである」と。

何人か子供を授かってみると、たとえ数が増えようと、一人ひとりの子がどんなに大切なかけがえのない存在であるかが、よく分かります。ところが子供のほうは、それが分かりにくいのです。下に赤ちゃんが生まれると上の子供は寂しくなって、小さなことで親の愛を疑ったりします。カインの悲惨な弟殺しの陰には、神への忠誠の前に、父母への深刻な不信感も横たわっていたと聞いたことがあります。

少年少女の自殺が多いのは悲しいことです。わが子の冷たいしかばねを抱きしめるとき、親はどんな思いがするものでしょう。私たちは、神が真の親であると知った者ですが、どの程度まで親子の信頼を築いているのかと考えさせられます。

「祈り求めたのに神は答えてくださらない。私などに神の目が届くはずがない」。そんな失望にとらわれる日があるかもしれません。しかし、そのような時親である神はどんなにかつらく思われることでしょう。

「私は神にとって、かけがえのない子である！」との思いがあれば、親の愛ゆえに倒れてはならない。強く正しく生き通さなければと思うのです。

聖歌65番

朝の歌

作詞　天野照枝

一
大地はほほえみ青空は踊るよ
露《つゆ》けき緑に明るき朝は来《き》ぬ
わが胸に響くは命の歌愛の歌
歌声織《お》りゆく清《すが》しき朝の歌

二
輝く波間《なみま》に希望満ちあふれて
「帆《ほ》上げて発《た》てよ」とささやく風吹きぬ
わが胸に響くは命の歌　愛の歌
ひとすじ織りゆく門出の朝の歌

三

伸びよや若草　額《ひたい》高くあげて
御父《み》の栄光　誇りもてあらわせ
わが胸に響くは命の歌愛の歌
心情織りゆく我らの朝の歌

一九六六年にできた歌です。そのころ、まだ修練所がなく、横浜の大倉山のある大きな研究所を借りていました。研究所の裏山は広く、まさに自然の中に包まれるようでした。その春は、大学生たちが休みを待ってドッと参加したこともあって、百八十人ほどの特別修練会となり、すごい熱気でした。当時、百人を超える修練会は大行事だったのです。周藤健先生が講師で、黒板をたたきながら全員を号泣させる迫力でした。

早朝、丘の上に整列して、点呼と体操を終えると、皆周藤先生の周りに集まります。すると太陽がまぶしく輝きながら昇ってくる方向に向かって、周藤先生が右のこぶしを突き出しながら「おとうさまー！」と声をしぼります。

天の父なる神を実感するための、朝の叫び声なのです。全員がそれにならって、「おとうさまー！　天宙復帰、がんばりまーす！　見ていてくださーい」。幾度も繰り返す、この叫び声が毎朝、晴れた空に必ず響き渡るのですから、小さな大倉山の町の人々は驚いていたに違いありません。「あそこには、みなしごの集まりでもあるのか。毎朝、お父さんと泣いて呼んでいる」といううわさが流れたそうです。

こんな雰囲気の中で、朝というものが持つ清々しさ、出発と門出を促し祝福する力強さを感じていました。修練会のスタッフの中に霊的な男性がいて、目に見える風景の印象が音楽になって響いてくるということを聞きました。そして聖歌65番の原曲譜を見せてもらったのです。

もとの曲は荘重そのもので、テンポもずっとゆっくりでした。太陽が厳かに、このメロディーで地平線から昇ってきたそうです。大きなオーケストラの響きだったようです。リズムがとても難しくて、うたいにくいものでした。

そんなにゆっくりとしたテンポとは知らず、私は譜だけを見ながら、このころ心を満たしていた出発と門出と成長への願いを、一気に作詞したのです。言葉が勢いづいて、われもわれもとひしめいて出てくるような感じでした。しかし、「もっと荘重な歌詞でないと、私のイメージに合わない」と、その男性に言われ、心を新たにして、「聞けよや同胞、いのちの呼び声を」で始まる別の歌を作りましたが、原曲のうたいにくさなどから眠ったままにしています。

一九七六年の聖歌編纂の際、伊地知《いじち》元子さんが原曲に手を加えて、軽やかにして最初の作詞を生かし、この「朝の歌」が誕生しました。

聖歌66番

イスラエルよ帰れ

作詞　辻村なをみ　作曲　室伏　繁

一
背信《はいしん》のイスラエルよ
わが許《もと》に帰り来よ
裸の山に聞こえる
イスラエルの民の声が
悲しみ祈る声が

二
背信のイスラエルよ
わが許に帰り来よ
背《そむ》きし罪責めじと
主は涙流し給う

許しの愛もて

三　見よ我らは帰らん
主こそ我らが神
今なつかしき名をば
呼びて帰り仕えん
わがふるさと　わが父

歌詞と曲が、一九七六年の編纂のときに出合ったというドラマチックな歌です。曲は編纂より一年前に作られましたが、作曲者の室伏繁さんはそのころ音大を目指して勉強中でした。伝道されて聖霊体験をし、その感動の中に、「神は自分にいかなる道を願われているのだろうか」と、真剣に求めました。ある日、久しぶりにピアノに向かったときに、神の思いが音を通して霊的に迫り、この曲が生まれたのです。

作詞の辻村なをみさんは、小さいころからカトリック教会に通っていました。しかし、悩みと試練の時期を迎え、教会にも行かなくなりました。苦しみ続けているとき、エレミヤ書に出合ったのです。まさに彼女への呼びかけとしてとらえたときに、この詩は作られたのです。

神が大いなる奇跡の手をもって、エジプトより選民イスラエルを導き出したのに、打って変わって不信仰と退廃に沈み込んだその姿。夫がその愛を裏切った妻に苦しむように、親が放蕩の子に嘆くように、切々と神はエレミヤを通して訴えるのです。

「『イスラエルの家よ、背信の妻が夫のもとを去るように、たしかに、あなたがたはわたしにそむいた』と主は言われる。裸の山の上に声が聞こえる、イスラエルの民が悲しみ祈るのである。彼らが曲がった道に歩み、その神、主を忘れたからだ。『背信の子どもたちよ、帰れ。わたしはあなたがたの背信をいやす』」（エレミヤ三・20～22）

イスラエルは命の源である神を捨てて偶像を求めました。その地は不毛の裸の地となり、国は分裂して、ついに捕らわれの民となるのです。神に固く立たない心は、むなしいものを求めてさまよい、荒れ果てていきます。昨日も今日も、私たちを求められる神のもとに、立ち返ろうではありませんか。

聖歌67番

主と共に生く

作詞　辻村なをみ　作曲　伊地知元子

一
我今主にて新たに生まれん
古きは去りて新しき人と
新たなる生命《いのち》　川の如流れ
その愛　光となりて輝く
※（くりかえし）
我主に侍《はべ》らん誓い違《たが》わず
永久《とこしえ》までも主と共に生く

二

創《つく》られし者　皆清められ
罪咎《とが》ことごと洗われし今は
このわが心ぞ　御神《みかみ》の庵《いおり》
わが家ぞ祝福の園　愛の庭
※

三

主に従う道　遠く峻《けわ》しくも
歌いつつ歩まん勝利を信じ
我真の父母に侍り奉《たてまつ》り
日ごと証《あか》し続けん御神の愛
※

この歌はうたい込んでいくと非常に霊的な力強さが感じられ、ぐんぐん盛り上がる勢いがあります。一九七六年の編纂に合わせて作詞・作曲されました。この歌の理解を深めるため、「主によって新たに生まれる」という歌詞を中心に説明してみたいと思います。

パリサイ人の一人でユダヤ人の指導者のニコデモに、イエスは「だれでも新しく生《うま》れなければ、神の国を見ることはできない」と言われました。新しく生まれるという言葉は、ニコデモにとって理解できないものでした。「もう一度、母の胎にはいって生れることができましょうか」。ややムッとしたようなニコデモの問いに、謎のようなイエスの答えがあります（ヨハネ三章）。それは霊的重生《じゅうせい》（新生）のことです。これはキリスト教の奥義につながる、意味の深い言葉なのです。

「新しく生まれる」とは、どういうことなのでしょう。これは自分で何かを決意して気持ちを新しくすることとは違います。そこには、今までと全く違うものがあるのです。ヨハネの第一の手紙では、それを愛であるといっています。「わたしたちは、兄弟を愛しているので、死からいのちへ移ってきたことを、知っている。愛さない者は、死のうちにとどまっている」（ヨハネI三・14）。

主による重生とは、神の子、神の性質にあずかるものとして、神の愛を体得するものとして生まれかわることです。さらに私たちの迎えたこの希望の成約時代は偽りの父母・サタンから真の父母の子女として重生するすばらしい時なのです。喜びと感謝を数えながら生活していきましょう。

聖歌69番

めざめて祈りつ

作詞　天野照枝　　作曲　伊地知元子

一　「右の目罪を犯す時には
一つの目もて　み国へ行かん」
心は望めど力は弱し
目覚めて祈りつ悪に打ち勝たん

二　正しきことを愛する心
悪《あ》しきことをば憎む心を
わが内に給《たま》え　父母よ　わが主よ
されば弱き身も悪に打ち勝たん

三

群がる敵も憐《あわ》れみ許し
とりなし給《たも》う　わが主の愛よ
正義と愛とをこの身に満たし
強き神の手にとらえ給えや

一九七六年の聖歌編纂の際、作詞・作曲されました。作曲者は聖歌全曲の編曲を担当した東京芸術大学作曲科卒の伊地知元子《いじちもとこ》さん（当時大学院生）です。

この詩は初め35番「心には願えど」の訳詞を試みるつもりで取りかかったものです。私が韓国語の歌詞にできるだけ忠実に一番を作ったとき、すでに「心には願えど」は訳されたという知らせが入りました。しかし、「右の目罪を犯すときには」と書き出した訳詞はなぜか、そのまま捨てる気になれません。

「長い歴史の課題であった心と体（霊人体と肉身）の闘いに終止符を打たなければならない。肉身を打って難行苦行してきた修道者たちも苦しみながら、この問題に取り組んできたではないか。魂の底から神に所有されて、愛憎のすべてをつくり変えていただきたいと、切々と祈る歌が必要ではないか」そう思われてなりませんでした。

二番からは、訳ではなく作詞として「うたっていくうちに素直になれるような、本心を引き出して啓発する言葉をお与えください」と祈りながら取り組みました。

「正しいことを、義務感のみでなく愛して行う心と、悪しきことを、神の忌み嫌われるごとく憎むという心を下さい」という意味の二番は、サタンの子としての愛憎を体恤《たいじゅつ》してしまった人間の立場を思うとき、祈らずにいられない言葉です。「正しきこと」とは、道徳的な善を指すのではありません。また「悪しきこと」は、神の愛を持って生きられない利己的な姿を意味します。

細胞の一つひとつまで、罪を受け継いでいる自分の姿に目覚めたときから、本当の闘いが始まるのかもしれません。われ知らず「自分の父、すなわち、悪魔」（ヨハネ八・44）の欲望に引き付けられていく人間。そのサタン世界のすべての愛の内容以上に、主を慕い愛しうるか、それが熾烈《しれつ》な霊的闘いの中心であり、身をもってそれを証してきた殉教者たちが命を賭けた一線でした。

以前、ある霊能者は「殉教者の中にも、霊界でイエス様の近くに住めない人がいる……」と話していました。イエスを愛して死の道を行ったのではなく、自分が天国に行きたいという一念のみで、殉教を選んだ人だったからです。その人は主を愛する聖徒たちの交わりに入れず、独りぼっちだったといいます。

スウェーデンボルグも『天界の秘義』で「霊界では自らが決める」と強調しています。スウェーデンボルグによれば、「すべての人は天界で喜びと平和のうちに暮らすように、天使たちに奉仕され懇請される」そうです。

また「彼は自分のほうから天使たちのもとを離れ去るのである」とあります。つまり地獄に行く人は、天国が嫌で神や天使たちと共なる生活に耐えられず、地獄の生活が心地よいから地獄に落ちていくというのです。

「悪を行っている者はみな光を憎む。そして、そのおこないが明るみに出されるのを恐れて、光にこようとはしない」（ヨハネ三・20）と、イエスが言われているとおりです。

これについて、サンダー・シングも書き記しています。「ある罪を犯した男が死んで、霊界に行き、『神が悪いんだ、地獄なんかに俺をやる気か』と、口を窮めて呪っているとき、天使が彼を導き諭しながら、天国へ連れて行こうとした。天国に近寄るにつれ、かぐわしい香気と美しい光が満ち溢《あふ》れてきたが、その男は息ができなくなり、目も開けていられず、『これはたまらぬ。俺を隠してくれる悪臭と闇はないものか』と、真っ逆さまに地獄を慕って堕ちて行った。天使は大層悲しんだ」と。永遠の世界では、自分の心が慕っているところへ間違いなく帰っていくと思うと、身が引き締まります。

「イエス様が慕わしい、恋い焦がれるようなその愛の境地に立たないと、歴史をもとかえしすることはできない」「罪人の血統をぬぐい去ることができずに、審判台の上に立たされることを怖がる心だけが私たちに必要であることを知っております」

これらのみ言《ことば》やお祈りが迫ってきます。闇よりも光を愛することは、ただ主の勝利を相続することによってのみ可能であり、今やそれが成就する時が来ているというのは驚くべきことです。

このような意味を込めた歌ですから、哀調を帯びた美しい曲ですが、決して弱々しく寂しくうたう歌ではないことを知ってください。

聖歌70番

善き闘いを成し終えて

作詞　天野照枝　　作曲　伊地知元子

一
善《よ》き闘いを成し終えて
永遠《とわ》の御《み》国に入りし君
天使天軍迎え立ち
讃《たた》えの歌ぞ響きたる

二
輝き集う神の民
生命《いのち》捧げし証《あか》し人《びと》
並び立ちたる門に入り
白き義の衣《きぬ》まとう君

三

臨終《いまわ》の息の中にさえ
愛し奉りし主の前に
近く進みて労《ねぎら》いの
手を賜るか　今君は

四

我も御業《みわざ》にいや励み
天《あめ》にぞ積まん善《よ》き宝
勝ち歌唱《うと》う凱旋《がいせん》の
君に相会《お》うその日まで

一九七二年、忘れることのできない一人の婦人に対する感動をうたった詩です。「別府ママ（別府美代子さん、一九七二年昇天）」と呼んでいたその人の旅立ち方は実に印象的でした。

何十年ものクリスチャンの信仰をもって入教した、その婦人の病気は癌《がん》でした。手の施しようがなく、衰弱するのをやっと食い止めている状態でしたが、自分の病を知ってなお、神に対する感謝と人への思いやりは病院でも評判で、多くの人の心を信仰に向けさせたかたでした。見舞いに行った時の、苦しそうに息を切りながら「わたし、うれしいのよ」と囁《ささや》いた、輝きに満ちた顔が思い出されます。

そのうちに本部で、「お別れパーティー」がその婦人の願いにより催されました。この世とのお別れの会が本人主催で行われる、その厳粛な陽気さ。久保木会長（当時）にお願いして、「霊界への人事異動の辞令書までいただいて、「一足お先に行って一生懸命働いていますからね」」。茶目っぽく、車の窓から手を振ったその人――。

私たちはいつか、ある永遠の世界、魂のふるさとである霊界に帰って行きます。地上に天国を建設する者としての選びを賜っていますが、恐怖や惑いなくふるさとに帰る日に備えることは、地上での使命をまっとうし、日々を悔いなく生きることにほかならないでしょう。

編纂のとき曲がつけられたのですが、作曲を伊地知《いじち》さんに依頼するとき、私は次のような一文を加えてお渡ししました。「別府ママのみごとな昇天、生き方に感動しつつ。涙あり、しかもその奥に勝利の喜びが感じられるような曲にしてほしい」と。

作曲者も霊的な感動と決意に迫られつつ作りました。伊地知さんは非常に優れた音楽家であり、作曲家ですが、その彼女をして「これは天から与えられた傑作です」といわしめる曲になりました。

聖歌 1番 第二部

光るこの地

韓国愛郷歌謡

一
しとしと五月雨《さみだれ》甘露《かんろ》となり
打ち寄す磯波《いそなみ》地をならし
こうこう照る月道明かし
深々《しんしん》降る雪　力添え
光る園　光る園
うるわしこの国栄えあれ

二
そびゆる山脈丈夫《ますらお》生み
流れる川水烈女《れつじょ》生み
山の木刻んで家つくり
実りを刈り入れ夕餉《ゆうげ》楽し
光る園　光る園
うるわしこの国栄えあれ

三
千代に八千代に栄えあれ
子を生み孫生み地に満ちて
手に手に花摘《つ》みこの土地に
ほほえみ浮かべて強く生く
光る園　光る園
うるわしこの国栄えあれ

韓国教会の開拓期に、文盲をなくす運動を通して、キリスト教の伝道をしようという試みがありました。文字が読めない人たちのために、心情を養う内容を盛り込んだ「啓蒙教本」というテキストを作り、文字を学ぶ場をもちながら伝道し、これを国民運動にしていこうとしたのでした。

この「啓蒙教本」の中に、「輝く大韓」という愛郷歌謡が収められています。美しい国、その中で力強く生きる民の誇りがうたわれています。歌詞は、雨の降る音が擬音語で「ディン・ドン・ダン・ドン」などと入った楽しく親しみやすいものです。

文先生はこの歌がお好きで、よくうたっていらっしゃったそうです。味わいながらうたってみると、先生がお好きな理由がわずかながら分かるように思います。

――エデンの園を思わせる懐かしさと土のにおいのする素朴さ。神を信ずる老若男女が手に手を取り合って御国《み》をつくり上げながら、子孫がふえ広がっていく――、そんな感覚がひたひたと押し寄せる歌ではないでしょうか。

この歌は韓国聖歌にはありません。一九六三年、日本における第一期四十日特別修練会のとき、歌詞の内容が紹介されて、皆で頭をひねりながら訳詞をしてつくり上げたものだ

1963年から始まった特別修練会。前列左から久保木修己会長、西川勝先生、周藤健先生、立体文化センターで

ということです。

第一期特別修練会の講師の一人、周藤健先生は、そのときの苦労を笑いながら次のように話しています。

「何しろそんな大勢の前で講義をするのは初めてであり、今思えば自分の理解度も深くない時期です。もう無我夢中でね。とにかく、ありったけのものをぶつけて、黒板を真っ白にして講義したのです。ところが一回目の講義が終わったら皆オイオイ泣いて、『一生を懸けてやります！』と誓うのです。私は感激して、原理のすごさをしみじみと感じました」

涙と決意のこの修練会は、同時に和気あいあいとして兄弟愛に満ちたもので、お互いにニックネームをつけ合ったりしたといいます。そんな雰囲気の中で、「光るこの地」が訳されていったのです。

「私が作ったところ、どこだと思う?」という周藤先生の質問に、ある女性が「きっと『子を生み孫生み地に満ちて』でしょう」と、言い当てて驚かせました。

山路みち子さんが「しとしと」「こうこう」などの表現を思いついては、全般的によくリードしたようです。最後の、現在「栄えあれ」とうたわれている部分はかつて「えいこらしょ」とうたわれていました。意味は、「ああ、素晴らしい」という言葉ですが、いくら考えても適当な訳が見つからず、「えーいもう、〝えいこらしょ〟でいい!」ということになったそうです。

一九七六年の編纂の際、改められましたが、先輩のかたがたは忘れがたい懐かしさを「えいこらしょ」に感じておられるかもしれません。

聖歌2番 第二部

嘆きを吹きとばせ

作者不詳

一
冷たい冬の木枯《こが》らしよ
残忍なその手を清めよ
春風吹きて香り満ちる
とだえたこの地を呼び起こせ

二
いかに残忍な雪風も
消えゆく運命のひととき
春風吹きて香り満ちる
とだえたこの地を呼び起こせ

三
起きよ春の蝶《ちょう》ひばりよ
荒漠《こうばく》な山河《くに》のつらい夢
春風吹きて香り満ちる
とだえたこの地を呼び起こせ

●韓国語歌詞訳

一
凍てつく厳冬の雪風よ
残忍なお前の手を蹴飛ばせ
※（くりかえし）
春風が至り花の香気が漂い
息絶えた山河を呼び起こせ

二
どんなに残忍な雪風も
消えていく運命の一時に過ぎない
※

三
目覚めよ春の蝶ひばりよ
寂寞たる山河の辛い夢
※

昔、よく真のお父様が手を振って口ずさまれていた歌なので、音楽に堪能な男性が譜にとって残しました。作者ははっきりしませんが、一説によると李龍道《イヨンド》牧師ではないかと伝えられています。李龍道牧師は韓国における霊的運動の新興先駆者で、アメリカ伝道をした故・金永雲《キムヨンウン》女史が少女時代に師事していたそうです。

この歌を理解するときには、まず日本とは違う韓国の冬を考えなければならないでしょう。零下二〇度を超えるともいわれる寒さは厳しいものです。長く暗い冬に耐える人は、春を待ち焦がれています。世界の中でも、寒い地方は信仰が強く、それゆえにサタンもまたそういう国を奪ってきたのですが、「春を待つ心」はメシヤをひたすら待つ心に通じるのです。サタンの勢力の吹き荒れる酷寒に耐えて、いつか必ず訪れる春——、来りたもう主を待ち望むのです。三番までの歌の意味をたずねてみましょう。

一　冷たく迫ってくる闇の雪風、過酷な冬の力よ、おまえのその残忍な手を今すぐとどめなさい！　これ以上おまえの蹂躙《じゅうりん》を許すことはできないのだ。さあ、春風よ。死に絶えてしまった惨めなこの国のこの山河に、花の香を漂わせ生命の息吹を通わせて、美しく雄々しい本然の姿として起き立たせよ！

二　残忍な冬よ。いかにおまえが猛りたち、暴虐を誇っていても、春はもうここに来てしまっているのだ。迫害も拷問も、私は決して恐れない。この激しい苦しみの中で凛然と立っている。おまえが消えていく運命だと知っているのだから。

三　いざ、目覚めて舞え春の蝶《ちょう》、高くうたえひばりよ。長くつらい悪魔にうなされてきたこの山河《くに》に、今こそ悲しい歴史から解き放たれる時が来たのだ。今こそ、信仰の勝利の春は訪れた！

蝶やひばりは春の象徴であり、み言《ことば》を受けて生きた人々のことをも表します。静かに意味をかみしめていると、艱難《かんなん》を乗り越えていく気迫を持った信仰者の姿が伝わってきます。お父様はご自分の心の中を、そのまま表現した歌として愛唱されたそうですから、その歩みを思いつつうたっていきたいものです。

聖歌3番 第二部

愛郷歌

祖先が築いたうるわし地
誠を尽くして成し遂げよう
新しき歴史は我を呼ぶ
生命《いのち》を燃やして世のために
慕わし山や川　ふるさとよ
神が与えた永遠《とわ》の国

作者不詳

韓国の京畿道《チョンギド》に平澤《ピョンテク》という所があります。この歌はその地方で作られ、うたわれている郷土歌謡だそうです。「慕わしいふるさとを愛する心。その地を築き上げ、守ってきた先人義人たちの汗と涙への感謝。新しい歴史の呼び声にこたえ、永遠の神の国を目指して命を燃やす」という心情で、今日も明日も行く者のために作られた歌のようです。日本でうたわれるようになったのは、一九六五年のことです。

真のお父様の初ご来日のとき、真心のかぎりを尽くして、「お父様のお好きな歌をうたってお迎えしよう」ということになりました。それで、この「愛郷歌」が選ばれ、訳されたのです。先輩たちには思い出深い歌でしょう。

もっとも、初めて日本の教会員と対面されたお父様は「愛郷歌」よりも「新エデンの歌」や「園の歌」を勇壮に指揮され、その場がわき返るほどに幾度もうたわれましたので、その光景のほうが記憶に強く残っているかもしれません。

この「愛郷歌」を最初にお父様と兄弟の前でうたったのは李耀翰《イヨハン》牧師の奥様であられる、元心姫《ウォンシムヒ》夫人だったそうです。「少女時代にうたって好きだったのです。それで和動会の時にうたいましたら、お父様も皆も好きになって、広がりました」とのことです。

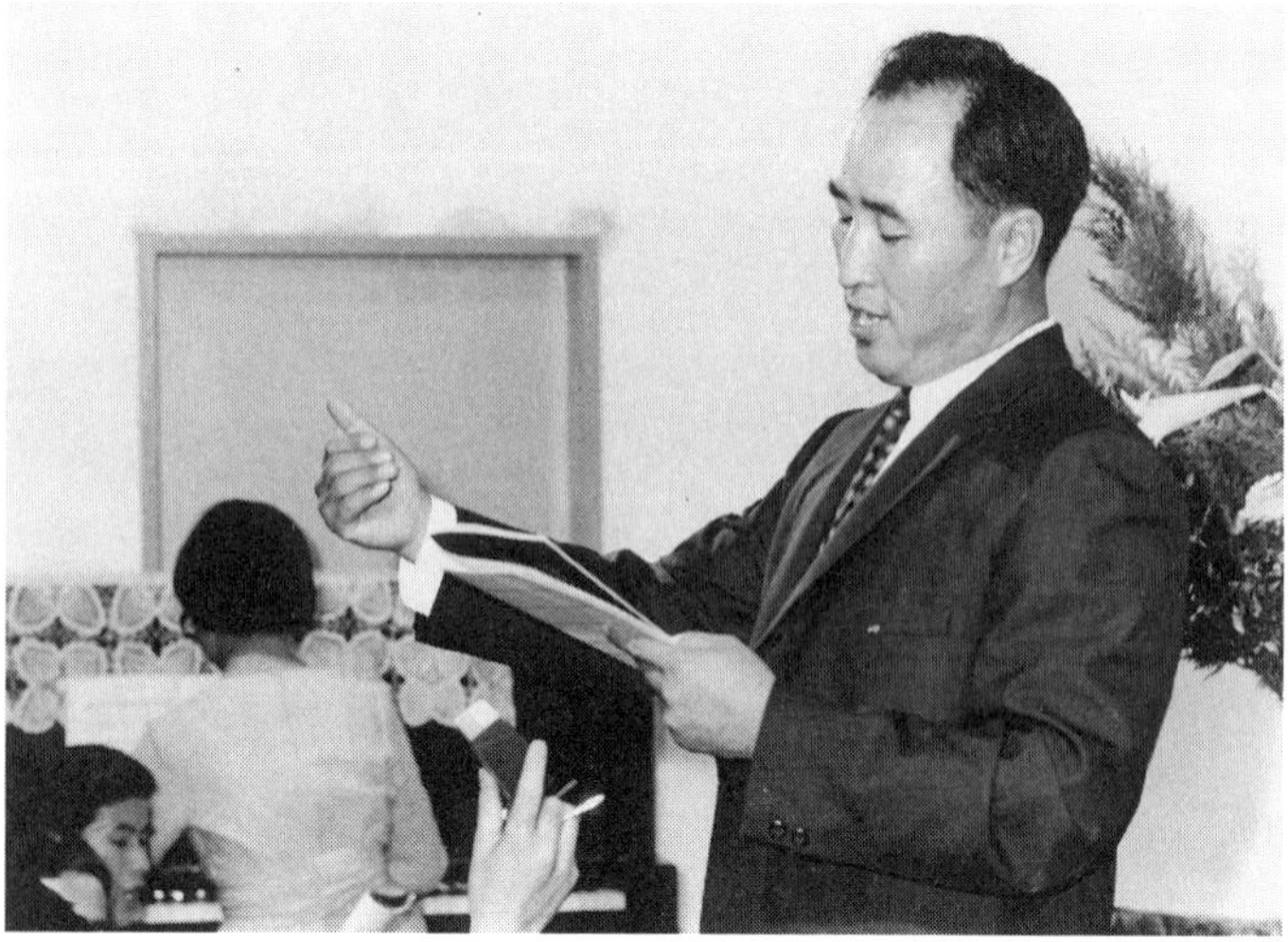
1965年9月ご来日の際、聖歌指導をしてくださる真のお父様

郷土や国を愛する心は、より大きな神様の愛につながっていくのでしょう。

聖歌7番 第二部

しあわせってなんだろう

作詞・作曲　野村健二

一　幸せって何だろう　星に尋ねてみた
みんな仲良くすることさ　星は答えた
大きなお陽さま中にして　九つの星が回る
愛の光を受けながら　これが幸せ

二　幸せって何だろう　バラに尋ねてみた
美しさを競うことさ　バラは答えた
赤白黄色に装って　どの花見ても可愛い
大事な花と言われれば　これが幸せ

三

幸せって何だろう　ひばりに聞いてみた
高くはるかに飛ぶことさ　ひばりは鳴いた
どんなに高く飛ぼうとも　お空の果ては遠い
まだまだ上にゃ空がある　これが幸せ

四

幸せって何だろう　羊に聞いてみた
主《ぬし》を捜していくことさ　羊は鳴いた
狼どもが襲っても　飼い主さんの声に
耳を向けてりゃ安心さ　これが幸せ

一九六七年五月のことでした。東洋大学の講師だった野村健二先生は、授業の始まる一時間か三十分前に行って準備をするのが常でした。その行く道で、ふっとこの歌の最初の一行が浮かんできたのだそうです。

「しあわせってなんだろう」と。

野村先生は、黒柳徹子のベストセラー『窓ぎわのトットちゃん』で有名になったトモエ学園出身で、創造性豊かに育ったかたです。歌を作るときも、言葉とメロディーが同時に浮かんでくるということです。

「私の関心は愛よりも、創造性とか向上のほうに強く向けられるのです。だから、幸せってなんだろう、という問いかけに、初めに浮かんだイメージは三番の『ひばり』なんです。どんなに高く飛んでも、まだ上には空があるじゃないか。それがとても気に入りました。どれだけ行っても先がある、どこまでも向上していける喜びですね。だから三番（希望）を最初に作って、あとから、一番（愛）、二番（美）、そして四番（信仰）というふうに作っていきました」

今は教会員であればだれでも知っているこの歌も、作られた当初はあまりピンとくる人がいなかったようです。「げらげら笑う姉妹もいましたね」と、野村先生も笑っておられました。また二番の中の「どの花見ても」は「どれもこれもが」、四番の中の「捜して」は「信じて」、がもともと作られた歌詞だったそうです。

この歌をたまたま柳光烈《ユグァンヨル》先生の夫人、大山君子さんが覚えていて、真のお父様が「君子さん、何かうたってごらん」と言われたときに、初めてお聞かせしたというわけです。

「それ、とてもいい。とてもいい歌だね」

お父様は非常に気に入られ、何度も聞いて覚えられ、ご自分で口ずさまれるようになりました。その後、何回か、責任者たちや学生たちが訪韓した際、先生はよく、この歌に合わせて踊るようにと言われました。

「子供みたいな気持ちになって踊るんだよ」

美しい澄んだ空、清平《チョンピョン》の湖の色、雪嶽《ソラク》山の木々の色……その中にこだまする歌声。ひばりのまね、羊のまね、狼のまねを、お父様もなさりながら踊り、三十六家庭の先生がたも一緒に入り交じってうたい踊る楽しさ。それは今も忘れがたく、その場に参加した方たちの胸に刻まれている思い出です。

また、マジソン大会（一九七四年）の前、アメリカに行っておられた野村先生を、お父様は船で一緒にマグロ釣りに連れていってくださいました。すると、当時十三歳くらいの孝進《ヒョウヂン》様が「あなたが『しあわせってなんだろう』を作った人でしょう。私はとてもあの歌が好きです」と、英語で話しかけてくださったのです。野村先生は、その孝進様の慰めを感じ、優しいかたであるとしみじみ思ったそうです。

なお、リトル・エンジエルスにもこの歌が推薦されたので、各地でうたわれ、レコードにもなりました。これからも「しあわせってなんだろう」は愛され、うたい継がれていくことでしょう。

聖歌14番 第二部

いつかそれがわかる

作詞　天野照枝　作曲　大木俊男

一

どんなにどんなに　厚い雲の上にも
青空たかく　太陽は輝いてる
いつかそれが分かる　いつかそれが分かる
雲が晴れて　キラキラ踊る光に
それが分かる　それが分かる　それが分かる

二　どんなにどんなに　涙が流れたって
もうすぐそこに喜びは近づいてる
いつかそれが分かる　いつかそれが分かる
涙ぬぐい　明るい明日《あした》を見れば
それが分かる　それが分かる　それが分かる

三　どんなにどんなに　遠くつらい　道でも
いつでもそばに神様がついているよ
いつかそれが分かる　いつかそれが分かる
雨に　風に　足元にある小石に
それが分かる　それが分かる　それが分かる

今、とくに大切なのは、私たちの考え方の習慣を転換することであるといわれています。「難しいと思うな。これからは解かれていく」という真のお父様のみ言のごとく、すべての出発点は私たちの内なる心からであり、そこに希望と喜びの種があれば、いつかそれは芽を出し、イメージのごとく実体化していくからです。

しかし、現実（と思えるもの）は、何と強力な壁を心のうちにつくりあげてしまうことでしょうか。囲い込まれてしまうと、大変な消耗戦となってしまいます。この重要な時代の、心の出発について祈っているとき、一九七二年に与えられたこの歌のことを思い出しました。

それはある夜、ひとりの姉妹と夜通し話し合ったときのことでした。伝道して尽くしても裏切っていく人の心に疲れ果て、もはや自分の心は砂漠のようで何の希望も感動もない、どうしようもないと彼女は言いました。

私もそのころ、消耗戦のような開拓伝道教会に四苦八苦していましたので、お互いの重荷と疲れに涙が出るばかりでした。ただ心のうちに叫んでいたのです。「私たちのこの愚かな惨めな失望！　お父様、あなたは希望と生命のお方です。どうかあなたに触れ、いま一度望みを高く抱くことができるようにしてください！」と。

明け方近く、ふたりはウトウトしました。それは夢だったのでしょうか。雪と雨に降りこめられた暗やみに私は立っていました。するとと体がもちあげられていきます。風のうずまきの中を、厚い雲の中を。

次の瞬間、雲をつきぬけて紺碧《こんぺき》の大空が広がるところへ出ました。輝く太陽の光が躍っています。その暖かさ、うれしさ！

その体験からしばらくたったころに、ヘッセの「困難な時期にある友たちに」の詩が、ふしぎな偶然で目に飛び込んできました。

「この暗い時期にも　いとしい友よ　私のことばを容《い》れよ。人生をあかるいと思うときも　暗いと思うときも　私はけっして人生をののしるまい。陽《ひ》の輝きと暴風雨とは同じ空の違った表情にすぎない。運命は甘いものにせよ苦いものにせよ　好ましい糧《かて》として役立てよう……」

霊界から私に、「いとしい友よ」と呼びかける信仰詩人のことばが、夢の体験とあいまって深く心にしみとおってきました。

「同じ空の違った表情として、すべてを好ましい糧とすること」。そうだ、だから雪と雨の地上から雲をつきぬけ、太陽の光の中までつれていってくださったのではないか。いつでも雲の上には、あの太陽が輝いていることをおまえは信じ続けられるか？　と。

　これらの思いをそのままに作詞し、その二か月後、聖歌指導者修練会のとき作曲してくださる方があり、この歌が生まれました。もとの詩は「いつかそれが分かる」のくりかえしはないので、いずれ作曲したいと思っています。

《著者略歴》

天野　照枝（あまの　てるえ）

1944年、静岡県生まれ。静岡大学教育学部卒業後、小学校教諭、教育カウンセラーなどを経て、1969年から「聖歌指導」の草分けの一人として活躍。1976年、韓国へ渡り聖歌の誕生にかかわった多くの諸先輩を訪ね、取材を行った。

今日まで、聖歌編纂委員として聖歌の編纂、普及、指導、多くの作詞に携わりながら、聖歌の成り立ちや誕生の背景の研究を続けている。

牧会者として国際的な活動に専念する夫と、１女２男の５人家族。

詩の翻訳を手掛けたものに『心園』『勝利する人』などがある。

聖歌のめぐみ
——詩に込められた祈りと心情

2008年５月10日　初版第１刷発行
2021年１月30日　　　第４刷発行

著　者　天野照枝
発　行　株式会社　光　言　社
〒150-0042　東京都渋谷区宇田川町37-18
電話　03-3467-3105（代表）
https://www.kogensha.jp
印　刷　日本ハイコム株式会社

ISBN978-4-87656-136-0